JÜRGEN SCHWARZE

Der funktionale Zusammenhang von Verwaltungsverfahrensrecht und verwaltungsgerichtlichem Rechtsschutz

Schriften zum Öffentlichen Recht

Band 232

Der funktionale Zusammenhang von Verwaltungsverfahrensrecht und verwaltungsgerichtlichem Rechtsschutz

Von

Dr. Jürgen Schwarze

DUNCKER & HUMBLOT / BERLIN

Alle Rechte vorbehalten
© 1974 Duncker & Humblot, Berlin 41
Gedruckt 1974 bei Buchdruckerei Bruno Luck, Berlin 65
Printed in Germany
ISBN 3 428 03041 9

Vorwort

Die vorliegende Untersuchung wendet sich einem Problemkreis zu, der in Literatur und Rechtsprechung trotz scheinbar allgemeinen Konsenses noch keine abschließende, befriedigende Klärung gefunden hat. Sie will eine Bestandsaufnahme des gegenwärtigen Diskussionsstandes leisten und zur dogmatischen Grundlegung einer Theorie des funktionalen Zusammenhanges von Verwaltungsverfahrensrecht und verwaltungsgerichtlichem Rechtsschutz einen Beitrag liefern.

Die Studie ist während meiner Assistententätigkeit am Institut für Öffentliches Recht der Universität Freiburg i. Br. entstanden. Für Anregungen und Kritik habe ich besonders Herrn Prof. Dr. Werner von Simson zu danken.

Herrn Ministerialrat a. D. Dr. Johannes Broermann danke ich für die Aufnahme der Schrift in sein Verlagsprogramm.

Freiburg i. Br., September 1973

Jürgen Schwarze

Inhaltsverzeichnis

I. Einleitung und Fragestellung 11
   1. Rechtspolitische Ausgangslage 11
   2. Gegenstand der Untersuchung 12
   3. Überblick über den Untersuchungsgang 15

II. Der Zusammenhang von Verwaltungsverfahren und Verwaltungsgerichtsbarkeit im geltenden Recht 17
   1. Die Vernachlässigung des Organisations- und Verfahrensrechts in der deutschen Staats- und Verwaltungsrechtslehre 17
   2. Gesetzliche Regelungen 17
   3. Die Behandlung des Zusammenhanges von Verwaltungsverfahrensrecht und Verwaltungsgerichtsbarkeit in den Entwürfen für ein allgemeines Verwaltungsverfahrensgesetz 18
   4. Die Behandlung in der Literatur 19
   5. Überblick über die Rechtsprechung 23

III. Der Zusammenhang von Verwaltungsverfahrensrecht und Gerichtskontrolle im deutschen und amerikanischen Verwaltungsrecht (Überblick) 27
   1. Grundlegende Unterschiede 27
   2. Neuere Literatur 27
   3. Die verschiedenen Konzeptionen im einzelnen 28
   4. Die Gründe für die Aufgabenverteilung im amerikanischen Recht 29
   5. Vergleich mit dem deutschen Recht 31

IV. Kritik am bestehenden Rechtsschutzsystem in Deutschland 32
   1. Die Fragwürdigkeit 32
   2. Die zeitliche Dauer von Verwaltungsprozessen 32
   3. Der Gerichtsschutz als nicht-ausschließliches Mittel der Verwaltungskontrolle 32
   4. Die Gestaltungsfreiheit der Exekutive 33

V. Grundprobleme des funktionalen Zusammenhanges von Verwaltungsverfahrensrecht und Gerichtskontrolle auf ausgewählten Gebieten des besonderen Verwaltungsrechts 35
   1. Theoretischer Aufriß 35
   2. Das Kartellrecht als Beispiel 36
   3. Das Steuerrecht als Beispiel 40

VI. Leitprinzipien für eine Theorie des funktionalen Zusammenhanges von Verwaltungsverfahrensrecht und Verwaltungsgerichtsbarkeit .. 44

1. Verwaltungsverfahren und verwaltungsgerichtliche Kontrolle als Elemente eines „differenzierten Gesamtrechtsschutzsystems" 44
2. Das Verwaltungsverfahren als ein Mittel zur Behebung des Gerichtsschutzdefizits 44
3. Die Verlagerung des rechtswissenschaftlichen Interesses auf den administrativen Entscheidungsprozeß 45
4. Der Anspruch auf rechtliches Gehör als Kernstück eines geordneten Verwaltungsverfahrens 45
5. Die Zunahme verfahrensmäßiger Lösungen im deutschen Verwaltungsrecht 46
6. Der politische Hintergrund 47
7. Zukünftige Aufgaben juristischer Dogmatik 48
8. Die funktionale Betrachtungsweise im Verhältnis von Verwaltungsverfahren und verwaltungsgerichtlicher Kontrolle 48

VII. Der von der Verfassung gewährte Spielraum für die Aufgabenverteilung und Aufgabenzuordnung im Verhältnis von Verwaltungsverfahren und Verwaltungsgerichtsbarkeit 50

1. Art. 19 IV GG als mögliche Schranke 50
2. Die Auslegung durch die herrschende Meinung 50
3. Die Gegenposition H. Ehmkes 51
4. Die heutige Lage 52
5. Überblick über die verfassungsgerichtliche Rechtsprechung 52
6. Die Entstehungsgeschichte des Art. 19 IV GG 53
7. Die Einheit der Verfassung als Auslegungsmaxime 53
8. Neue Deutungen des Gewaltenteilungsgrundsatzes 54
9. Abweichende Konzeptionen einer möglichst umfassenden Gerichtskontrolle 55
10. Ergebnis 56

VIII. Spezifische Merkmale einer Theorie des funktionalen Zusammenhanges von Verwaltungsverfahrensrecht und Verwaltungsgerichtsbarkeit für das geltende und für das zukünftige Recht 58

1. Die Notwendigkeit einer Folgendiskussion 58
2. Die spezifische Notwendigkeit einer Folgendiskussion in einer Zeit des Umdenkens in der verwaltungsrechtlichen Dogmatik .. 58
3. Allgemeine Erkenntnisse aus der bisherigen Diskussion über die Nachprüfbarkeit unbestimmter Rechtsbegriffe und von Ermessensentscheidungen der Verwaltung 60
4. Das Postulat einer elastischen und flexiblen Kontrolle behördlicher Entscheidungen 61
5. Richterliche Kontrolle soweit als möglich 61
6. Unterschiedliche richterliche Kontrolle in den verschiedenen Sachbereichen des Verwaltungsrechts 62
7. Die bewußte Offenlegung der Grenzen richterlicher Kontrolle 63

8. Die Bedeutung des Verfahrens- und Prozeßrechts als letztlich irreduzible Größe 64
9. Die Beurteilung von Verfahrensverstößen in der Vergangenheit 66
10. Erhöhte Bedeutung des Verwaltungsverfahrensrechts bei verfahrensmäßigen Lösungen 66
11. Die jüngste Verwaltungsrechtsprechung zu Fehlern des Verwaltungsverfahrens 68
12. Die Notwendigkeit möglichst frühzeitig einsetzenden Rechtsschutzes 70
13. Die Vorbehalte gegenüber jedem Verwaltungskontrollmodell .. 74

Literaturverzeichnis 76

Abkürzungsverzeichnis

AöR	=	Archiv des öffentlichen Rechts
BauR	=	Baurecht (Zeitschrift für das gesamte öffentliche und zivile Baurecht)
BaWüVBl.	=	Baden-Württembergisches Verwaltungsblatt
BayVBl.	=	Bayerische Verwaltungsblätter
BB	=	Der Betriebsberater
BFH	=	Bundesfinanzhof
BGBl.	=	Bundesgesetzblatt
BVerfG	=	Bundesverfassungsgericht
BVerwG	=	Bundesverwaltungsgericht
DÖV	=	Die öffentliche Verwaltung
DVBl.	=	Deutsches Verwaltungsblatt
ESVGH	=	Entscheidungssammlung des Hessischen und des Baden-Württembergischen Verwaltungsgerichtshofs
EuGH	=	Europäischer Gerichtshof
FN	=	Fußnote
GS.	=	Gesetzessammlung
GewArchiv	=	Gewerbearchiv
JUS	=	Juristische Schulung
JZ	=	Juristenzeitung
MDR	=	Monatsschrift für Deutsches Recht
NJW	=	Neue Juristische Wochenschrift
PVS	=	Politische Vierteljahresschrift
RdL	=	Recht der Landwirtschaft
SKV	=	Staats- und Kommunalverwaltung
VerwArch.	=	Verwaltungsarchiv
VVDtStRL	=	Veröffentlichungen der Vereinigung der Deutschen Staatsrechtslehrer
WiR	=	Wirtschaftsrecht
WuW	=	Wirtschaft und Wettbewerb
ZBR	=	Zeitschrift für Beamtenrecht
ZRP	=	Zeitschrift für Rechtspolitik
ZZP	=	Zeitschrift für Zivilprozeß

I. Einleitung und Fragestellung

1. Die heutige Verwaltungsrechtslehre sieht es, wenn auch mit unterschiedlicher Akzentuierung[1], als eine ihrer Hauptaufgaben an, die Entscheidungsprozesse der Verwaltung zu analysieren und in den Griff zu bekommen, wie überhaupt der Begriff des Verfahrens und die dynamische Funktion des Rechts[2] gegenwärtig in den Mittelpunkt der rechtswissenschaftlichen Diskussion zu rücken scheinen. Die gesetzliche Regelung des Verwaltungsverfahrens ist eine der rechtsstaatlichen Möglichkeiten, wie die administrativen Entscheidungsprozesse geordnet und kontrolliert werden können.

Seit ungefähr 1½ Jahrzehnten[3] sind Bestrebungen im Gange, eine solche Kodifikation des allgemeinen Verwaltungsverfahrensrechts zu erarbeiten. Einen ersten Entwurf eines Verwaltungsverfahrensgesetzes (EVwVfG 1970)[4] hat die Bundesregierung im Jahr 1970 dem Bundestag

---

[1] Vgl. besonders O. *Bachof* und W. *Brohm*, Die Dogmatik des Verwaltungsrechts vor den Gegenwartsaufgaben der Verwaltung, VVDtStRL 30 (1972), S. 193 ff. (S. 231 f.) und S. 245 ff. (S. 254 f.) sowie M. *Bullingers* Diskussionsbeitrag ebd. S. 337.

[2] Vgl. dazu u. a. P. *Häberle*, Grundrechte im Leistungsstaat, VVDtStRL 30 (1972), S. 43 ff. (S. 81 f.); J. *Hagen*, Allgemeine Verfahrenslehre und verfassungsgerichtliches Verfahren, München 1971; *ders.*, Elemente einer allgemeinen Prozeßlehre, Freiburg i. Br. 1972; N. *Luhmann*, Legitimation durch Verfahren, Neuwied und Berlin 1969; W. *Grunsky*, Grundlagen des Verfahrensrechts, Bielefeld 1970; J. H. *Kaiser*, Rechtsnormen zur Steuerung von Prozessen, in: Eunomia, Freundesgabe für H. *Barion*, Pfungstadt o. J., S. 41 ff.; *ders.*, VVDtStRL 29, S. 116 (Diskussionsbeitrag); F. *Kopp*, Verfassungsrecht und Verwaltungsverfahrensrecht, München 1971.

[3] Als Ausgangspunkt vgl. etwa die Tagung der Vereinigung der Deutschen Staatsrechtslehrer in Wien im Jahre 1958 mit den Referaten von K. A. *Bettermann* und E. *Melichar*, Das Verwaltungsverfahren, VVDtStRL 17, S. 118 ff. und S. 183 ff. und den 43. Deutschen Juristentag in München mit den Gutachten von H. *Spanner* und F. *Werner* (Verhandlungen des 43. Deutschen Juristentages, Bd. I [Gutachten] 2. Teil Heft A und Heft B, Tübingen 1960) und den Referaten von K. v. d. *Groeben* und W. *Weber* (Verhandlungen des 43. Deutschen Juristentages, Bd. II [Sitzungsberichte] D 5 und D 59, Tübingen 1962), alle zum Thema „Empfiehlt es sich, den Allgemeinen Teil des Verwaltungsrechts zu kodifizieren?"

[4] Bundesratsdrucksache 269/70. Dieser Entwurf baut auf dem vom Bundesminister des Innern veröffentlichten Musterentwurf eines Verwaltungsverfahrensgesetzes (EVwVerfG 1963) auf. Vgl. Musterentwurf eines Verwaltungsverfahrensgesetzes (EVwVerfG 1963), 2. Aufl. Köln und Berlin 1968. Zum Regierungsentwurf (EVwVfG 1970) siehe besonders H. *Spanner*, Der Regierungsentwurf eines Bundesverwaltungs-Verfahrensgesetzes, JZ 1970, S. 671 ff. mit weiteren Nachweisen über den bisherigen Stand der Diskussion.

vorgelegt. Dieser Entwurf konnte in der VI. Legislaturperiode nicht zu Ende beraten werden. Am 23. 3. 1973 hat die Bundesregierung jetzt erneut den Entwurf eines Verwaltungsverfahrensgesetzes (EVwVfG 1973)[4a] vorgelegt, der sich eng an jenen ersten Regierungsentwurf anlehnt, aber die jüngste Entwicklung auf dem Gebiet des Verwaltungsverfahrensrechts berücksichtigt und eine Tendenz zu einem verstärkten verfahrensmäßigen Schutz der Beteiligten erkennen läßt[4b].

Im Verein mit den bereits näher konkretisierten Reformvorstellungen über eine Vereinheitlichung und Zusammenfassung der drei öffentlich-rechtlichen Prozeßordnungen (VwGO, FGO und SGG)[5] ist damit eine Ausgangslage geschaffen, die dem Gesetzgeber die in dieser Form in Deutschland bisher einmalige Chance[6] eröffnet, das Verwaltungsverfahren und den Verwaltungsprozeß in einer gegenseitigen Zuordnung zu regeln.

2. Die vorliegende Untersuchung will einen Beitrag dazu leisten, das theoretische Fundament für eine solche gegenseitige Zuordnung zu legen und die Querverbindungen einschließlich der wechselbezüglichen Abhängigkeiten zwischen Verwaltungsverfahrensrecht und verwaltungsgerichtlichem Rechtsschutz zu erhellen. Vornehmlich als theoretischer Aufriß des Problems gedacht, muß eine solche Untersuchung von vornherein mit einer nüchternen Einschätzung ihrer Leistungsgrenzen in Angriff genommen werden. Sie kann und will nur einen groben Ordnungsrahmen für das Verhältnis von Verwaltungsverfahrensrecht und verwaltungsgerichtlichem Rechtsschutz und dementsprechend nur mögliche Lösungsmodelle mit ihren jeweiligen notwendigen rechtlichen Konsequenzen entwerfen, nicht aber für alle Verwaltungsbereiche eine erschöpfende Antwort geben. Dazu sind weitere Untersuchungen, vor

---

[4a] Bundesratsdrucksache 227/73. Vgl. auch Bundestagsdrucksache 7/910. Siehe dazu jetzt auch K. *Redeker*, Zum neuen Entwurf eines Verwaltungsverfahrensgesetzes, DVBl. 1973, S. 744 ff.

[4b] Vgl. die Begründung des Entwurfs, I. Allgemeiner Teil, 7.

[5] Vgl. dazu den unter der Federführung von C. H. *Ule* erarbeiteten Entwurf eines Verwaltungsgerichtsgesetzes zur Vereinheitlichung der Verwaltungsgerichtsordnung, der Finanzgerichtsordnung und des Sozialgerichtsgesetzes (Schriftenreihe der Hochschule Speyer Bd. 40), Berlin 1969. Siehe zu den Vereinheitlichungsbemühungen im Bereich des Verfahrensrechts jetzt auch den Entwurf eines Gesetzes zur Änderung des Rechts der Revision in Zivilsachen und im Verfahren vor Gerichten der Verwaltungs- und Finanzgerichtsbarkeit v. 4. 4. 1973 (BT-Drucksache 7/444) und den Entwurf eines Gesetzes zur Änderung des Sozialgerichtsgesetzes v. 13. 4. 1973 (BRats-Drucksache 300/73). Zum Stand der Entwicklung und zur Arbeit des Koordinierungsausschusses zur Vereinheitlichung der drei öffentlich-rechtlichen Verfahrensordnungen siehe zuletzt Bundesjustizminister G. *Jahn*, Überlegungen zur Reform der Rechtspflege, DRiZ 1973, S. 181 ff. (S. 183).

[6] Vgl. dazu besonders C. H. *Ule*, Verwaltungsverfahren und Verwaltungsprozeß, VerwArchiv 62 (1971), S. 114 ff. (S. 119).

I. Einleitung und Fragestellung

allem das spezielle Studium einzelner Verwaltungsverfahrensarten und -prinzipien nötig.

So verstanden, will diese Studie nur den Grundstein für die künftige Erarbeitung einer Typologie des Verwaltungshandelns unter dem Blickwinkel des funktionalen Zusammenhanges von Verwaltungsverfahrensrecht und verwaltungsgerichtlichem Rechtsschutz legen, welche die Ergebnisse des theoretischen Aufrisses notwendig ergänzen und modifizieren wird.

Die historischen[7] Grundlagen und die Aufgaben der heutigen Verwaltungsgerichtsbarkeit sind gerade in jüngster Zeit eingehend erforscht worden, und auch die Zahl der Arbeiten über den Sozialgestaltungsauftrag[8] der Verwaltung und ihrer Entscheidungsverfahren[9] im modernen industriellen Staat ist im Zunehmen begriffen. Es besteht jedoch ein Mangel an neueren[10] Untersuchungen, die über eine isolierte Betrachtung jeweils der Verwaltungsgerichtsbarkeit oder der Verwaltung und ihrer Entscheidungsprozesse hinausgehen, und die sich mit der funktionalen Aufgabenverteilung und Aufgabenzuordnung zwischen administrativem Verfahren und verwaltungsgerichtlicher Kontrolle beschäftigen, sowie mit dem gegenseitigen Bedingungszusammenhang, in

---

[7] Vgl. besonders *A. Görlitz*, Verwaltungsgerichtsbarkeit in Deutschland, Neuwied a. Rhein und Berlin 1970, S. 15—61 und *H. U. Erichsen*, Verfassungs- und verwaltungsrechtsgeschichtliche Grundlagen der Lehre vom fehlerhaften belastenden Verwaltungsakt und seiner Aufhebung im Prozeß, Frankfurt a. M. 1971 passim. Dazu ebenfalls *F. A. v. Hayek*, Die Verfassung der Freiheit, Tübingen 1971, S. 254 ff. und *M. Sellmann*, Der Weg zur neuzeitlichen Verwaltungsgerichtsbarkeit — ihre Vorstufen und dogmatischen Grundlagen, in: Staatsbürger und Staatsgewalt, Bd. 1, Karlsruhe 1963, S. 25 ff.

[8] Vgl. dazu u. a.: *P. Badura*, Auftrag und Grenzen der Verwaltung im sozialen Rechtsstaat, DÖV 1968, S. 446 ff. (S. 450 f.); ders., Verwaltungsrecht im liberalen und im sozialen Rechtsstaat, Tübingen 1966, S. 6 ff.; *L. Gehrmann*, Der Gestaltungsauftrag der Verwaltung und der verwaltungsgerichtliche Rechtsschutz, Schleswig-Holsteinische Anzeigen, Juli 1971 — Sondernummer, S. 139 ff.; *H. Schäfer*, Moderne Verwaltung im sozialen Rechtsstaat, DVBl. 1972, S. 405 ff. Zur historischen Entwicklung zum modernen Verwaltungsstaat vgl. *V. Wrage*, Entwicklungstendenzen und aktuelle Probleme der deutschen öffentlichen Verwaltung, PVS 1971, S. 264 ff. (S. 264—271) u. *Th. Ellwein*, Formierte Verwaltung — Autoritäre Herrschaft in einer parlamentarischen Demokratie, in: Parlamentarismus ohne Transparenz (Hrsg. W. Steffani), Opladen 1971, S. 48 ff. (S. 52 f.).

[9] *F. Kopp*, Verfassungsrecht und Verwaltungsverfahrensrecht, München 1971.

[10] Die wohl besten neueren Darstellungen der Aufgabenverteilung zwischen Verwaltung und Verwaltungsgerichtsbarkeit haben *K. Redeker*, Sozialstaatliche Gestaltung und rechtsstaatliche Bindung, DVBl. 1971, S. 369 ff., ders., Fragen der Kontrolldichte verwaltungsgerichtlicher Rechtsprechung, DÖV 1971, S. 757 ff. und *F. Ossenbühl*, Verwaltungsrecht im sozialen Rechtsstaat, SKV 1971, S. 57 ff. (S. 60 ff.), ders., Zur Renaissance der administrativen Beurteilungsermächtigung, DÖV 1972, S. 401 ff. geliefert.

14　　　　　I. Einleitung und Fragestellung

dem diese Gebiete stehen. Gerade an den Schnittstellen zweier Rechtsbereiche, die eng miteinander verknüpft sind oder doch verknüpft sein sollten und an denen sozusagen die Weichen für das Rechtssystem gestellt werden, sollte die theoretische Analyse einsetzen.

Seit einer Kontroverse zwischen O. Bachof[11] und C. H. Ule[12] in den Jahren 1957/58 um die Wechselbeziehung zwischen Verwaltungsverfahren und Verwaltungsgerichtsbarkeit ist die Rechtswissenschaft bis heute[13] kaum über die Erkenntnis hinausgekommen, daß irgendein Zusammenhang zwischen Verwaltungsverfahren und verwaltungsgerichtlichem Rechtsschutz bestehe. Eine genaue Definition fehlt aber noch. Eine nähere Untersuchung könnte möglicherweise der bislang in Deutschland vornehmlich in den dogmatischen Kategorien des „Ermessens" und des „unbestimmten Rechtsbegriffs" geführten Diskussion[14] über das Verhältnis von Verwaltung und Verwaltungsgerichtsbarkeit eine neue Dimension erschließen und dazu beitragen, diese aus den festgefahrenen Bahnen zu befreien. Immerhin bietet die jüngste Verwaltungsrechtsprechung gerade auf dem Gebiet der administrativen Beurteilungsermächtigung Anlaß, den Einfluß des Verwaltungsverfahrens- und Organisationsrechts auf den Umfang verwaltungsgerichtlicher Nachprüfung neu zu überdenken.

---

[11] Vgl. O. Bachof, Wehrpflichtgesetz und Rechtsschutz, Tübingen 1957, S. 26, 52; ders., Nochmals: Verwaltungsverfahren und Verwaltungsgerichtsbarkeit, DVBl. 1958, S. 6 ff.

[12] Vgl. C. H. Ule, Verwaltungsverfahren und Verwaltungsgerichtsbarkeit, DVBl. 1957, S. 597 ff.; ders., Nochmals: Verwaltungsverfahren und Verwaltungsgerichtsbarkeit, DVBl. 1958, S. 9 ff.

[13] Aus der heutigen Diskussion vgl. u. a. M. D. Forstmann, Der Rechtsschutz im schwedischen Verwaltungsverfahren, VerwArchiv 62 (1971), S. 313 ff. (S. 314 f.); F. Kopp, Der Grundsatz der Rechtsstaatlichkeit im Verwaltungsverfahren, BayVBl. 1969, S. 272; C. F. Menger, Rechtsschutz im Bereich der Verwaltung, DÖV 1969, S. 153 ff. (S. 159); H. Spanner, Der Regierungsentwurf eines Bundesverwaltungsverfahrensgesetzes, JZ 1970, S. 671 ff. (S. 674 f.); C. H. Ule, Der Verwaltungsrechtsschutz in den europäischen Staaten und die deutsche Verwaltungsgerichtsbarkeit, DVBl. 1970, S. 225 ff.; ders., Die Bedeutung der Verwaltungsgerichtsbarkeit in der Demokratie, in: Zehn Jahre Verwaltungsgerichtsreihe (Schriftenreihe der Hochschule Speyer, Bd. 45), Berlin 1970, S. 20 ff. (S. 42/43); ders., Verwaltungsverfahren und Verwaltungsprozeß, VerwArchiv 62 (1971), S. 114 ff.; F. Becker/K. König, Allgemeine Einleitung, in: Verfahrensgesetze des Auslandes (Schriftenreihe der Hochschule Speyer Bd. 31/I), Berlin 1967, S. 3 ff. (S. 77).

[14] Vgl. aus der nahezu unübersehbaren Literatur u. a. H. Ehmke, „Ermessen" und „unbestimmter Rechtsbegriff" im Verwaltungsrecht, Tübingen 1960; G. Oettl, Grenzen der Gerichtsbarkeit im sozialen Rechtsstaat, Berlin 1971, S. 74 ff.; J. Schmidt-Salzer, Der Beurteilungsspielraum der Verwaltungsbehörden, Berlin 1968; W. Schmidt, Gesetzesvollziehung durch Rechtsetzung, Bad Homburg v. d. H., Berlin, Zürich 1969, S. 149 ff.; H. J. Weigel, Beurteilungsspielraum oder Delegationsbegriff?, Bern—Frankfurt a. M. 1971; H. Kellner, Neue Erkenntnisse zum sogenannten Beurteilungsspielraum?, DÖV 1972, S. 801 ff.

I. Einleitung und Fragestellung

3. Ausgangspunkt der Untersuchung ist eine Bestandsaufnahme, wie bisher das Verhältnis von Verwaltungsverfahrensrecht und Verwaltungsgerichtsbarkeit beurteilt worden ist. Daran schließt sich eine auf unser Thema zugeschnittene Zusammenfassung der Kritik am gegenwärtigen deutschen Rechtsschutzsystem an. In die Darstellung sind
— auf den Ergebnissen der rechtsvergleichenden Forschung aufbauend
— ohne Anspruch auf Vollständigkeit vereinzelte Hinweise auf ausländische Rechtsordnungen einbezogen worden, so daß dem deutschen Verwaltungskontrollmodell mögliche Alternativen[15] als denkbare Lösungen gegenübergestellt werden.

Ein Überblick über einige beispielhaft ausgewählte Rechtsgebiete wird ergeben, daß bei näherem Zusehen in nahezu allen hochkomplizierten, ökonomisch, technisch, planerisch und nicht zuletzt juristisch schwer zu bewältigenden Bereichen des besonderen Verwaltungsrechts, jedenfalls was die Bedeutung des Verwaltungsverfahrens und dessen funktionalen Zusammenhang mit der nachträglichen Gerichtskontrolle anlangt, in etwa die gleichen Probleme auftauchen, ohne daß dieser Zustand bislang die ihm gebührende Beachtung gefunden hätte. Dementsprechend versteht sich diese Studie auch als ein Versuch, in Zukunft den gemeinsamen Grundfragen der verschiedenen, auseinanderstrebenden Bereichen des Verwaltungsrechts wieder mehr Beachtung zu schenken.

Die Bestimmung des funktionalen Zusammenhanges von Verwaltungsverfahren und Verwaltungsgerichtsbarkeit, die in jeder Verwaltungsrechtsordnung getroffen werden muß, darf sich im einzelnen nicht nur an den Erfordernissen effektiven Rechtsschutzes orientieren. Der funktionell-rechtliche Gedanke einer möglichst wirksamen Aufgabenbewältigung[16] und einer angemessen verteilten Verantwortung zwischen Exekutive und Gerichtsbarkeit im modernen industriellen Staat erweist sich dafür als mindestens ebenso wichtig. Es wird sich im Laufe der Untersuchung zeigen, daß der gerichtliche Rechtsschutz nicht notwendig die in jedem Fall geeignete Form der Kontrolle des Verwaltungshandelns sein muß, wenn man der Vielfalt wachsender Verwaltungsaufgaben gerecht werden will.

---

[15] Insoweit wird die Denkform der Alternative zur juristischen Kategorie. Vgl. dazu: *J. Rödig*, Die Denkform der Alternative in der Jurisprudenz, Berlin, Heidelberg, New York 1969.
[16] Vgl. zu dem Ausgangspunkt bei den Staatsaufgaben und ihrer Bewältigung besonders *E. Becker*, Die vollziehende Gewalt nach der demokratischen Verfassung des Grundgesetzes, in: Demokratie und Verwaltung (25 Jahre Hochschule für Verwaltungswissenschaften Speyer), Berlin 1972, S. 497 ff. (S. 498). Auch *H. H. Rupp*, Die Dogmatik des Verwaltungsrechts und die Gegenwartsaufgaben der Verwaltung, DVBl. 1971, S. 669 ff. (S. 670) will vor einer Neuordnung des Verwaltungsrechts zunächst die Aufgaben der Verwaltung definieren.

I. Einleitung und Fragestellung

Dies gibt Veranlassung, von einer endgültigen Definition den Spielraum zu untersuchen, den die Verfassung für die funktionale Aufgabenverteilung zwischen Verwaltungsverfahren und Verwaltungsgerichtsbarkeit gewährt und danach zu fragen, welche Konsequenzen sich daraus für den Bedingungszusammenhang beider Rechtsgebiete de lege lata bzw. de lege ferenda ergeben.

Schon mit Rücksicht auf das bisher vorhandene Rechtsprechungsmaterial wird sich der Einfluß der Gewährung rechtlichen Gehörs im Verwaltungsverfahren auf den Kontrollumfang verwaltungsgerichtlicher Nachprüfung als ein zentrales Problem erweisen. Jedenfalls in dieser Frage lassen sich bereits gegenwärtig hinreichend konkretisierte Aussagen für die Wechselbeziehung zwischen Verwaltungsverfahren und Verwaltungsgerichtsbarkeit gewinnen. Ohnehin geht es auch bei der Bestimmung des funktionalen Zusammenhanges von Verwaltungsverfahren und Verwaltungsgerichtsbarkeit weniger um eine dogmatisch starr einzuhaltende Linie als um sachbezogene, der jeweiligen Verwaltungsaufgabe angemessene Lösungen, wie das Vorbild mancher ausländischer Rechtsordnungen lehrt. Allerdings müssen von der Verwaltungsrechtslehre auch die notwendigen Folgen des jeweils gewählten Kontrollmodells herausgearbeitet werden, damit das Rechtsschutzsystem in sich geschlossen bleibt. In diesem Zusammenhang scheint es angesichts des bisherigen Verlaufs der Diskussion neben der Skizzierung solcher Lösungsmodelle mindestens ebenso wichtig zu sein, die vorgegebenen Grenzen rechtswissenschaftlicher Erkenntnis abzustecken und dort, wo die juristische Auseinandersetzung auf irreduzible Größen stößt, dies auch deutlich zu machen.

Jeder Versuch, den funktionalen Zusammenhang zwischen Verwaltungsverfahren und Verwaltungsgerichtsbarkeit zu beschreiben, beruht allerdings letztlich auf einer ganz bestimmten Vorstellung vom Verhältnis des Bürgers zur Verwaltung. Deshalb kann die Verwaltungsrechtsdogmatik heute allein dieses Problem nicht mehr lösen. Sie ist vor allem auf die Hilfestellung einer auch empirisch arbeitenden, die rechtstatsächlichen Grundlagen analysierenden Verwaltungswissenschaft angewiesen, um das „spannungsgeladene Verhältnis"[17] von Bürger und Verwaltung zu erforschen.

---

[17] Vgl. dazu zuletzt: *G. Joerger*, Bürger und Verwaltung — Anmerkungen zu einem spannungsgeladenen Verhältnis, BaWüVbl. 1972, S. 33 ff.

II. Der Zusammenhang von Verwaltungsverfahren und Verwaltungsgerichtsbarkeit im geltenden Recht

1. In der deutschen Staats- und Verwaltungsrechtslehre ist als eine Art allgemeine Erscheinung zu beobachten, daß sie über den materiellrechtlichen Problemen der Verfassungs- und Verwaltungsrechtsordnung das Organisations- und Verfahrensrecht, wenn nicht vergessen, so doch zumindest vernachlässigt hat. Obwohl dieses Versäumnis gerade in der letzten Zeit zunehmend gerügt und nach Abhilfe verlangt wird[18], bleibt ein Nachholbedarf bestehen, der sich nicht von heute auf morgen aufarbeiten läßt. Es ist deshalb nicht verwunderlich, wenn dementsprechende Lücken auch bei der Behandlung des funktionalen Zusammenhanges von Verwaltungsverfahren und Verwaltungsgerichtsbarkeit sichtbar werden, obwohl sich nach den Worten C. F. Mengers[19] scheinbar alle Beteiligten darüber einig sind, daß ein enger Zusammenhang zwischen beiden Rechtsgebieten bestehe und bei der Ausgestaltung beider Verfahrensarten beachtet werden müsse.

2. Dies liegt allerdings speziell bei diesem Thema nicht allein an der Rechtslehre und der Verwaltungsrechtsprechung, denen bislang eine hinreichende Klärung nicht gelungen ist. Es gibt auf diesem Gebiet auch kaum gesetzliche Regelungen, die sich der Grenzziehung und des funktionalen Zusammenhanges von Verwaltungsverfahrensrecht und Verwaltungsgerichtsbarkeit angenommen hätten, soweit überhaupt eine nähere spezialgesetzliche Ausgestaltung im Rahmen des Grundgesetzes zulässig ist. Abgesehen von den verfassungsgesetzlich getroffenen Grundentscheidungen (Bindung der vollziehenden und der rechtsprechenden Gewalt an Gesetz und Recht, Grundsatz der Gewaltenteilung, zentrale Rechtsweggarantie, besondere Funktionszuweisung an die rechtsprechende Gewalt u. a.) ist bisher nur das Verfahren vor den Verwaltungsgerichten, die Verwaltungsgerichtsbarkeit, gesetzlich geregelt[20]. Sie wird durch unabhängige, von den Verwaltungsbehörden

---

[18] Vgl. zu diesem Befund vor allem die insoweit übereinstimmenden Referate von P. Häberle, Grundrechte im Leistungsstaat, VVDtStRL 30 (1972), S. 43 ff. (S. 81 f., 121 f.), O. Bachof und W. Brohm, Die Dogmatik des Verwaltungsrechts vor den Gegenwartsaufgaben der Verwaltung, VVDtStRL 30 (1972), S. 193 ff. (S. 233 f.) und S. 245 ff. (254 f.).

[19] C. F. Menger, Rechtsschutz im Bereich der Verwaltung, DÖV 1969, S. 153 ff. (S. 159).

[20] Siehe die Verwaltungsgerichtsordnung (VwGO) vom 21. Januar 1960 (BGBl. I, S. 17).

getrennte Gerichte ausgeübt (§ 1 VwGO). Demgegenüber fehlt es an einer umfassenden Kodifikation des Verwaltungsverfahrens, d. h. des Verfahrens vor den Verwaltungsbehörden[21]. Und auch im Rahmen der Verwaltungsgerichtsordnung ist eigentlich nur an einer Stelle Näheres über den Zusammenhang von Verwaltungsverfahren und Verwaltungsgerichtsbarkeit ausgesagt, nämlich bei der Regelung des sog. Vorverfahrens (§§ 68 ff. VwGO). Danach ist grundsätzlich vor der Erhebung einer Anfechtungs- oder einer Verpflichtungsklage ein Widerspruchsverfahren vor den Verwaltungsbehörden durchzuführen, in dem zunächst noch einmal der Verwaltung selbst Gelegenheit gegeben werden soll, die Rechtmäßigkeit und die Zweckmäßigkeit des angefochtenen Verwaltungsaktes zu überprüfen. Dieses Vorverfahren und die insoweit zentrale Frage, wie es sich in die dogmatischen Kategorien des Verwaltungsverfahrens oder des verwaltungsgerichtlichen Verfahrens einordnen läßt, sind bereits Gegenstand der rechtswissenschaftlichen Untersuchung[22] gewesen.

Die heute wohl h. M.[23] erkennt dem Vorverfahren eine rechtliche Doppelnatur zu: es sei sowohl ein spezialgesetzlich geregeltes Verwaltungsverfahren als auch eine im Verwaltungsprozeß zu beachtende Prozeßvoraussetzung (Sachurteilsvoraussetzung). Darin mag man immerhin auch eine gegenständlich beschränkte Aussage über den Zusammenhang von Verwaltungsverfahren und Verwaltungsgerichtsbarkeit erblicken.

3. Im übrigen ist diesem Thema auch in den Entwürfen für ein allgemeines Verwaltungsverfahrensgesetz keine übermäßige Beachtung geschenkt worden. Der Musterentwurf eines Verwaltungsverfahrensgesetzes (EVwVerfG 1963) enthielt in seiner Allgemeinen Begründung allerdings etliche Ausführungen über das Verhältnis von allgemeinem

---

[21] So die Definition der ganz h. M. für den Begriff des „Verwaltungsverfahrens". Vgl. A. v. Mutius, Das Widerspruchsverfahren der VwGO als Verwaltungsverfahren und Prozeßvoraussetzung, Berlin 1969, S. 21 mit umfassenden Nachweisen. v. Mutius (S. 25 f.) selbst hält allerdings eine solche institutionelle oder organisatorische Begriffsbestimmung für nicht ausreichend. § 8 EVwVfG 1970 (Bundesratsdrucksache 269/70) enthält folgende Legaldefinition: „Das Verwaltungsverfahren ist die nach außen wirksame Tätigkeit der Behörden, die auf die Prüfung der Voraussetzungen, die Vorbereitung und den Erlaß eines Verwaltungsaktes oder auf den Abschluß eines öffentlich-rechtlichen Vertrages gerichtet ist; es schließt den Erlaß des Verwaltungsaktes oder den Abschluß des öffentlich-rechtlichen Vertrages ein." Ebenso jetzt § 9 EVwVfG 1973 (Bundesrats-Drucksache 227/73). Kritik an dieser Begriffsbestimmung u. a. bei R. Herzog, Gesetzgeber und Verwaltung, VVDtStRL 24 (1966), S. 125 ff. (S. 194), der die Brauchbarkeit der Unterscheidung zwischen Innen- und Außenverhältnis bezweifelt.

[22] Vgl. vor allem A. v. Mutius, Das Widerspruchsverfahren der VwGO als Verwaltungsverfahren und Prozeßvoraussetzung, Berlin 1969.

[23] So vor allem A. v. Mutius, aaO., S. 174. Siehe auch C. H. Ule, Verwaltungsprozeßrecht, 5. Aufl., München 1971, S. 88.

II. Verwaltungsverfahren u. -gerichtsbarkeit im geltenden Recht   19

Verfahrensgesetz und Verwaltungsgerichtsordnung[24]. Sie reichten im Ergebnis aber kaum über die Erkenntnis hinaus, daß die Vorschriften über das allgemeine Verwaltungsverfahren und das verwaltungsgerichtliche Verfahren einander bedingten und ergänzten und daß deshalb die Ausgestaltung des Verwaltungsverfahrens maßgebend von dem Umfang und der Systematik des verwaltungsgerichtlichen Rechtsschutzes abhängig sei. Der EVwfG 1970[25] nimmt in seiner Begründung, wahrscheinlich, weil er bereits Bekanntes nicht wiederholen möchte, zum Verhältnis von Verwaltungsverfahren und Verwaltungsgerichtsbarkeit überhaupt nicht mehr Stellung. Das Gleiche gilt von dem jetzt vorliegendem EVwVfG 1973[25a].

4. Auch der juristischen Literatur ist jedenfalls noch keine ins einzelne gehende Klärung gelungen. Im rechtswissenschaftlichen Schrifttum ist es das große Verdienst C. H. Ules[26], auf den Zusammenhang beider Rechtsgebiete wohl als erster aufmerksam gemacht und diese Erkenntnis durch zahlreiche Beiträge bis in die jüngste Zeit so gefördert zu haben, daß sie heute zu einer Art Allgemeingut geworden ist. Zur Stützung seiner Argumentation hat C. H. Ule[27] stets darauf verwiesen, Verwaltungsverfahren und Verwaltungsprozeß seien im früheren deutschen Recht Gegenstand einer einheitlichen Regelung gewesen. Dies lasse trotz aller Unterschiedlichkeit beider Verfahrensarten auf einen engen Zusammenhang beider Rechtsgebiete schließen, der auch im gegenwärtigen wie im künftigen Recht gewahrt bleiben müsse.

In der Tat sind z. B. im preußischen Gesetz über die allgemeine Landesverwaltung vom 30. 7. 1883[28], in der Landesverwaltungsordnung für Thüringen vom 10. 6. 1926/22. 7. 1930[29] oder in dem Entwurf eines Verwaltungsverfahrensgesetzes für Württemberg aus dem Jahre 1931[30], die C. H. Ule[31] in erster Linie als Beleg für seine Ansicht anführt, so-

---

[24] Vgl. Musterentwurf eines Verwaltungsverfahrensgesetzes (EVwVerfG 1963), 2. Aufl., Köln u. Berlin 1968, S. 62 ff.

[25] Vgl. EVwVfG 1970, Bundesratsdrucksache 269/70.

[25a] Vgl. EVwVfG 1973, Bundesratsdrucksache 227/73.

[26] Von seinen zahlreichen Beiträgen vgl. zuerst C. H. Ule, Verwaltungsverfahren und Verwaltungsgerichtsbarkeit, DVBl. 1957, S. 597 ff. und in der zeitlichen Reihenfolge gegenwärtig zuletzt: Verwaltungsverfahren und Verwaltungsprozeß, VerwArchiv Bd. 62 (1971), S. 114 ff. Vgl. außerdem C. H. Ule, Verwaltungsprozeßrecht, 5. Aufl., München 1971, S. 18 ff.

[27] C. H. Ule, DVBl. 1957, S. 597 ff. und besonders VerwArchiv Bd. 62 (1971), S. 114 ff.

[28] GS S. 195.

[29] GS S. 177, S. 123.

[30] Verwaltungsrechtsordnung für Württemberg. Entwurf eines Gesetzes mit Begründung, Stuttgart 1931. Anhang (Entwurf eines Verwaltungsverfahrensgesetzes), S. 645 ff.

[31] Vgl. oben Fußnote 27.

wohl das Verwaltungsverfahren als auch das verwaltungsgerichtliche Verfahren nebeneinander geregelt. Der Hinweis auf den Gedanken der Rechtseinheit in jenen früheren Gesetzesvorschriften fordert allerdings die Frage heraus, ob sich insoweit überhaupt eine direkte Verbindung zu den heutigen Problemen des Zusammenhanges von Verwaltungsverfahren und Verwaltungsgerichtsbarkeit herstellen läßt oder ob man insoweit nicht auf unvergleichbare Tatbestände stößt.

Immerhin ist beispielsweise die zusammenhängende Regelung von Verwaltungsverfahren und Verwaltungsgerichtsbarkeit bereits damals auf erhebliche Kritik gestoßen. Kein geringerer als *Bill Drews*[32], seinerzeit Präsident des Preuß. Oberverwaltungsgerichts, hat sich im Jahr 1924 für die Herauslösung des verwaltungsgerichtlichen Verfahrens aus dem preuß. Landesverwaltungsgesetz und für die Schaffung einer selbständigen Verwaltungsgerichtsordnung eingesetzt. Dadurch sollte auch nach außen hin zweifelsfrei zum Ausdruck gebracht werden, daß die Verwaltungsgerichte in Preußen nicht „ein Bestandteil der Verwaltung in gerichtsartiger Form", sondern dieser unabhängig gegenüberstehende, „echte" Gerichte seien.

So gesehen, stellt sich die historische Einheit von Verwaltungsverfahren und verwaltungsgerichtlichem Verfahren lediglich als eine Entwicklungsstufe auf dem Wege zu einer von der Verwaltung auch organisatorisch völlig geschiedenen, dem Bereich der rechtsprechenden Gewalt zugeordneten und in *allen* Instanzen mit deren Garantien versehenen Verwaltungsgerichtsbarkeit dar[33]. Nachdem diese Entwicklung mit der Errichtung unabhängiger Verwaltungsgerichte unter der Geltung des Grundgesetzes abgeschlossen und damit der mehr als ein Jahrhundert dauernde Streit über die Stellung und die Aufgaben der Verwaltungsgerichtsbarkeit entschieden worden ist[34], findet jene historische Einheit von Verwaltungsverfahren und Verwaltungsgerichtsbarkeit in dieser Form im geltenden Recht keine Entsprechung mehr.

Für die gegenüber heutigen Verhältnissen unterschiedliche Sicht des Zusammenhanges von Verwaltungsverfahren und Verwaltungsgerichtsbarkeit spricht ein weiteres Argument. *W. Apelt*[35] hat im Jahr 1929 im

---

[32] B. *Drews*, Vom Ausbau der preußischen Verwaltungsgerichtsbarkeit, ZgesStaatsw. Bd. 78 (1924), S. 584 ff. (S. 609/10).

[33] Dazu vor allem O. *Bachof*, Die verwaltungsgerichtliche Klage auf Vornahme einer Amtshandlung, Tübingen 1951, S. 18 f. und C. F. *Menger*, System des verwaltungsgerichtlichen Rechtsschutzes, Tübingen 1954, S. 60 f.

[34] Vgl. C. F. *Menger*, Der Schutz der Grundrechte in der Verwaltungsgerichtsbarkeit, in: Die Grundrechte (Hrsg. K. A. Bettermann, H. C. Nipperdey, U. Scheuner), III. Bd., 2. Halbbd., Berlin 1959, S. 717 ff. (S. 718).

[35] W. *Apelt*, Der Instanzenzug der Verwaltung in Reich und Ländern. Referat über „Angleichung von Organisation und Verfahren in der Verwaltung von Reich und Ländern", Dresden 1929.

II. Verwaltungsverfahren u. -gerichtsbarkeit im geltenden Recht 21

Zuge der geplanten Reichsreform ein Gutachten über die „Angleichung von Organisation und Verfahren in der Verwaltung von Reich und Ländern" erstattet, das in bisherigen Untersuchungen über die Verwaltungsgerichtsbarkeit in Deutschland kaum beachtet worden ist. Apelt gibt dort einen umfassenden Überblick über die damals im Reich und vor allem in den Ländern bestehenden Rechtsschutzeinrichtungen und die verschiedenen Verfahren der Verwaltungsrechtspflege. Für die vorliegende Untersuchung ist besonders aufschlußreich, daß Apelt unter „Verfahren" in der Hauptsache nur den „Rechtsmittelzug" versteht, und er allein der Frage nachgehen will, welche Verwaltungsbehörden und -gerichte nacheinander mit einer Sache befaßt werden, weil dies für eine Organisationsverbesserung im Vordergrund des Interesses stehe[36]. „Ihr gegenüber tritt die Form des Verfahrens, der eigentliche modus procedendi innerhalb der einzelnen Behörde, so wichtig er für den Rechtsschutz sein mag, an Bedeutung zunächst zurück[37]." Diese Sicht des Zusammenhanges von Verwaltungsverfahren und verwaltungsgerichtlichem Verfahren ist nicht nur von der konkreten Aufgabenstellung des vorgelegten Referates veranlaßt. Sie scheint für das damalige Verständnis der Wechselbeziehung beider Rechtsgebiete überhaupt bezeichnend zu sein. Der Zusammenhang von Verwaltungsverfahren und Verwaltungsgerichtsverfahren wird im wesentlichen formell-organisatorisch, im Sinne eines Nacheinander im Rechtsmittelzug verstanden. Das ursprüngliche Verwaltungsverfahren, d. h. das Verfahren bis zum Erlaß der ersten Verwaltungsentscheidung, bleibt daneben völlig außer Betracht.

Die allein formell-organisatorische Betrachtungsweise des Zusammenhanges von Verwaltungsverfahren und Verwaltungsgerichtsbarkeit hat auch nach Inkrafttreten des Grundgesetzes zunächst im Vordergrund gestanden. Typisch dafür ist etwa das Referat von W. Jellinek auf dem 38. Dt. Juristentag in Frankfurt (1950). Jellinek[38] plädiert dort u. a. dafür, daß Verwaltungsverfahren und Verwaltungsgerichtsbarkeit aufeinander abzustimmen seien. Wie sich im einzelnen aus seiner Begründung ergibt, will er diese These so verstanden wissen, daß vor allem ein „Nebeneinander einer Beschwerde oder eines Einspruchs nach dem Verwaltungsgerichtsgesetz und im gewöhnlichen Verwaltungsverfahren beseitigt [werden müsse]".

---

[36] Vgl. W. Apelt, ebd., S. 5 (Vorbemerkung).
[37] Ebd.
[38] W. Jellinek, Die Verwaltungsgerichtsbarkeit. In welcher Weise empfiehlt es sich, die Gesetzgebung über die Verwaltungsgerichtsbarkeit zu vereinheitlichen? Verhandlungen des 38. Deutschen Juristentages, Tübingen 1951, D 2 ff. (D 13, D 17 — These Nr. 10).

II. Verwaltungsverfahren u. -gerichtsbarkeit im geltenden Recht

Erst seit der Kontroverse zwischen O. *Bachof*[39] und C. H. *Ule*[40] aus den Jahren 1957/58 um das rechte Zusammenspiel von Verwaltungsverfahren und Verwaltungsgerichtsbarkeit und um eine mögliche Verkürzung des gerichtlichen Instanzenzuges mit Rücksicht auf ein rechtsstaatliches Verwaltungsverfahren fließen daneben auch materiale, wertende Elemente in die Diskussion mit ein, die das ursprüngliche Verwaltungsverfahren in die Überlegungen einbeziehen. („Je formloser das Verwaltungsverfahren gestaltet ist, je weniger es mit rechtsstaatlichen Garantien für den Einzelnen ausgestattet ist, desto mehr muß das verwaltungsgerichtliche Verfahren ausgebaut werden. Umgekehrt kann ein förmliches, nach rechtsstaatlichen Grundsätzen gestaltetes Verwaltungsverfahren die Mehrstufigkeit des verwaltungsgerichtlichen Verfahrens überflüssig machen[41]. ") — Seit jener Zeit wird die Diskussion praktisch auf zwei Ebenen geführt, ohne daß beide hinreichend voneinander geschieden würden.

Die *formell-organisatorische* Diskussion betrifft heute — unter veränderten Vorzeichen — vor allem die Frage, ob man mit Rücksicht auf ein gesetzlich geregeltes Verwaltungsverfahren auf eine zweite verwaltungsgerichtliche Tatsacheninstanz verzichten könne[42]. Daneben gewinnt gegenwärtig die Frage an Bedeutung, ob zur Verbesserung des Verwaltungsrechtsschutzes die Errichtung einer mit richterlicher Unabhängigkeit und voller Verwaltungskompetenz ausgestatteten Widerspruchsinstanz in der Verwaltung befürwortet werden sollte, die das beanstandete Verwaltungshandeln sowohl auf seine Rechtmäßigkeit als auch auf seine Zweckmäßigkeit hin überprüfen könnte[43].

Die *materiale, wertende* Betrachtungsweise des Zusammenhanges von Verwaltungsverfahren und Verwaltungsgerichtsverfahren betrifft vor allem die Frage, inwieweit heute die Aufnahme rechtsstaatlicher

---

[39] Vgl. oben Fußnote 11.

[40] Vgl. oben Fußnote 12.

[41] C. H. *Ule*, Verwaltungsverfahren und Verwaltungsgerichtsbarkeit DVBl. 1957, S. 597.

[42] Vgl. dazu zuletzt C. H. *Ule*, VerwArchiv Bd. 62 (1971), S. 114 ff. (S. 133 f.) und F. *Kopp*, Verfassungsrecht und Verwaltungsverfahrensrecht, München 1971, S. 261 Fußn. 717. Vgl. in diesem Zusammenhang auch die Reformvorschläge zur Umgestaltung des BVerwG zum Vorlagegericht und der Oberverwaltungsgerichte zu Revisionsgerichten. Dazu u. a. E. *Eyermann*, Zur Besetzung der Richterbank in der Verwaltungsgerichtsbarkeit, in: Festgabe für Th. Maunz, München 1971, S. 55 ff. (S. 67), die Stellungnahme des Bundes Deutscher Verwaltungsrichter vom 17. 3. 1972, AnwBl. 1972, S. 152 sowie H. *Grave*, Bietet das verwaltungsgerichtliche Revisionsverfahren ausreichende Rechtsgarantien?, VerwArchiv Bd. 64 (1973), S. 51 ff. (S. 56 f.).

[43] So der Vorschlag im Zwischenbericht der Enquête-Kommission für Fragen der Verfassungsreform, Bundestags-Drucksache VI/3829 unter III: Institutionen des Petitionswesens: Petitionsausschuß und Ombudsman. Siehe auch Zur Sache 1/73, S. 55 f.

II. Verwaltungsverfahren u. -gerichtsbarkeit im geltenden Recht

Sicherungen in das Verwaltungsverfahren bis zum Erlaß der ersten Verwaltungsentscheidung wünschbar und notwendig ist, weil der Rechtsschutz gegenüber der Exekutive dort eher und möglicherweise besser als im späteren Verwaltungsprozeß geleistet werden könnte. Auf dieser Frage muß zukünftig das Schwergewicht des verwaltungsrechtlichen Interesses ruhen, denn dort ist die Rechtswissenschaft bislang noch nicht zu hinreichend präzisierten Ergebnissen gelangt.

Denn es ist für das Verständnis des Zusammenhanges von Verwaltungsverfahrensrecht und verwaltungsgerichtlichem Rechtsschutz nicht ausreichend, wenn von der Verwaltung beispielsweise verlangt wird, daß sie im demokratischen Rechtsstaat von vornherein rechtsstaatlich arbeiten müsse[44], oder wenn eine wohl anfechtbare Verhältnisgleichung aufgemacht wird, wonach das Verwaltungsverfahren um so mehr verförmlicht werden müsse, je weniger Verwaltungsgerichtsbarkeit gewährt werde und wonach umgekehrt desto weniger Justizförmlichkeit des Verwaltungsverfahrens notwendig sei, je mehr und je besser die Verwaltungsgerichtsbarkeit ausgebaut werde[45]. Diese Aussagen enthalten entweder Selbstverständliches („die Verwaltung muß von vornherein rechtsstaatlich arbeiten") oder sie sind sehr allgemein gehalten und besitzen in dieser Allgemeinheit zumindest wenig Aussagekraft. Was ist schon unter der Formel „je mehr und je bessere Verwaltungsgerichtsbarkeit" oder unter dem Begriff der „Verförmlichung des Verwaltungsverfahrens" zu verstehen? Solange keine näheren Angaben über die Ausgestaltung der Rechtsmittel im einzelnen und über den Kontrollumfang verwaltungsgerichtlicher Nachprüfung gemacht werden, die für die Qualität und die Effektivität des Rechtsschutzes von entscheidender Bedeutung sind, hilft eine solche Verhältnisgleichung allein nicht weiter. Deshalb sind weitere Untersuchungen notwendig.

5. Der Überblick über die Rechtsprechung bietet im wesentlichen das gleiche Bild. Auch hier fehlt es zumeist noch an hinreichend konkretisierten Aussagen über das Verhältnis von Verwaltungsverfahrensrecht und verwaltungsgerichtlichem Rechtsschutz. Immerhin läßt sich für die Vergangenheit der Rechtsprechung die wohl allgemeine Tendenz entnehmen, dem Verwaltungsverfahrensrecht nicht allzu viel Bedeutung

---

[44] Vgl. *H. Heckel*, Die Rolle des Juristen in der Fachverwaltung DÖV 1958, S. 29 (S. 30). Ebenso: *M. Fellner*, Grundfragen des Verwaltungsverfahrens, in: Staatsbürger und Staatsgewalt (Hrsg. H. R. Külz und R. Naumann), Bd. 2, Karlsruhe 1963, S. 345 ff. (S. 348).

[45] Vgl. vor allem *K. A. Bettermann*, Das Verwaltungsverfahren, VVDtStRL Bd. 17, S. 118 ff. (S. 168 f.). a. A. insoweit vor allem *M. Fellner*, S. 348 f. Kritik an einer solchen Verhältnisgleichung auch bei *L. Gehrmann*, Der Gestaltungsauftrag der Verwaltung und der verwaltungsgerichtliche Rechtsschutz, Schleswig-Holsteinische Anzeigen, Juli 1971 — Sondernummer, S. 139 ff. (S. 142).

beizumessen, sondern ihm nur eine auf das Ergebnis, den Verwaltungsakt, bezogene, dienende[46] Funktion zuzuweisen. Nicht das Verwaltungsverfahren, also der Weg, auf dem die Verwaltung zu ihrer Entscheidung gelangt ist, sondern die Prüfung seines sachlichen Ergebnisses hat für die richterliche Beurteilung beherrschend im Vordergrund gestanden. Dieses Bild hat sich allerdings in der letzten Zeit zunehmend geändert. Denn die jüngste Verwaltungsrechtsprechung widmet dem administrativen Entscheidungsablauf und den an das Verwaltungsverfahren zu stellenden Anforderungen gegenwärtig erhöhte Aufmerksamkeit[47]. Außerdem läßt die Judikatur etliche nähere Anhaltspunkte für eine genauere Bestimmung des Funktionszusammenhanges von Verwaltungsverfahrensrecht und Verwaltungsgerichtsbarkeit erkennen, wenn auch bis jetzt noch nicht von einer im Grundsatz einheitlichen Linie der Verwaltungsrechtsprechung die Rede sein kann.

Im Rahmen einer allerdings recht groben Einteilung lassen sich in der jüngsten Verwaltungsrechtsprechung zwei große Fragenkomplexe unterscheiden: Der erste Problembereich betrifft die individuell-rechtsschutzsichernde Funktion des Verwaltungsverfahrens, und zwar speziell die Wechselbeziehung zwischen einer verwaltungsverfahrensmäßigen Anhörung und der Intensität der nachfolgenden gerichtlichen Kontrolle. Dazu hat der BVerwG hauptsächlich für die Fälle der Planung von Flughäfen[48] oder von Straßen[49] und sonstigen Verkehrsanlagen festgestellt, daß eine streng zu beachtende Anhörung der von der Planungsentscheidung Betroffenen — etwa der in ihrem Wirkungskreis berührten Gemeinden oder der in Mitleidenschaft gezogenen Straßenanlieger — vor allem deshalb geboten sei, weil die abschließende Entscheidung als Planmaßnahme in einem weiten Ermessen der Behörde stehe

---

[46] Vgl. BVerwGE 28, S. 268 (S. 270); 29, S. 282 (283 f.). Dazu vor allem O. *Groschupf*, Wie entscheidet das Verwaltungsgericht, wenn das Verwaltungsverfahren fehlerhaft war?, DVBl. 1962, S. 627 ff. (S. 630) und F. *Weyreuther*, Probleme der Rechtsprechung zum Enteignungsverfahren, DVBl. 1972, S. 93 ff. (S. 95). Vgl. außerdem K. A. *Bettermann*, DVBl. 1963, S. 826 ff. (S. 827). Allein dieses Zitat von *Bettermann* ist in die Begründung zu §§ 35, 36 EVwVfG 1970 aufgenommen worden. Siehe jetzt auch die Begründung zu §§ 41, 42 EVwVfG 1973 (Bundesratsdrucksache 227/73).

[47] Vgl. in diesem Zusammenhang auch BVerfG, Urt. v. 18. 7. 1972 (Numerus-Clausus-Urteil), BVerfGE 33, S. 303 ff. (S. 341) = DÖV 1972, S. 606 ff. (S. 609): „Ausfüllungsbedürftige materiell-rechtliche Normen, die in den Grundrechtsschutz eingreifen, erscheinen eher tragbar, wenn durch ein formalisiertes, gerichtlich kontrollierbares Verfahren dafür vorgesorgt wird, daß die wesentlichen Entscheidungsfaktoren geprüft und die mit der Norm angestrebten Ziele wirklich erreicht werden."

[48] Vgl. BVerwG, DÖV 1969, S. 428 (S. 429). Ebenso: VG München, BayVBl. 1971, S. 310 (S. 311).

[49] Vgl. BVerwG, VerwRspr. Bd. 23, Nr. 118 = S. 607 ff. (S. 611) = RdL 1972, S. 43 (S. 47).

und daher gerichtlich nur in beschränktem Umfang überprüfbar sei[50]. Die Sicherung einer angemessenen Beteiligung im Verwaltungsverfahren müsse die fehlende verwaltungsgerichtliche Kontrolldichte ausgleichen. Ähnlich hat das BVerwG kürzlich auf einem anderen Rechtsgebiet, dem des Beamten- und Dienstrechts argumentiert. Dort ist für den Fall[51] einer negativen dienstlichen Beurteilung eines Soldaten, die zur Grundlage einer für jenen nachteiligen Versetzungsentscheidung gemacht werden sollte, für den Betroffenen die strikte Wahrung seiner verfahrensmäßigen Rechte, insbesondere eines Anspruchs auf rechtliches Gehör im Verwaltungsverfahren, verlangt worden. Es war dafür erkennbar die Erwägung maßgebend, daß die angegriffene Verwaltungsmaßnahme selbst wegen ihrer besonderen rechtlichen Eigenart nur einer eingeschränkten richterlichen Nachprüfung zugänglich war.

Der zweite Problembereich betrifft die gesellschaftlich-organisatorischen Bedingungen des Verwaltungshandelns, und dort speziell die richterliche Kontrolle über besonders zusammengesetzte kollegiale Verwaltungsgremien. In einer wohl zu Recht als sensationell[52] bezeichneten Entscheidung hat das BVerwG[53] kürzlich in bewußter Abkehr von seiner früheren Rechtsprechung judiziert, daß der Bundesprüfstelle für literarischen Jugendschutz bei der Entscheidung über die Aufnahme bestimmter Erzeugnisse in die Liste jugendgefährdender Schriften wegen ihrer besonderen, an den Gesichtspunkten vermuteter Fachkenntnisse und gesellschaftlicher Repräsentanz orientierten Besetzung, ein gerichtlich nicht voll nachprüfbarer Beurteilungsspielraum zustehe. Auch an diesem Beispiel werden, wenn vielleicht auch nicht so unmittel-

---

[50] Nach der Rechtsprechung des BVerwG (BVerwGE 34/301, 304; VerwRspr 23, Nr. 6 = S. 24 (S. 29) ist eine Planung ohne Gestaltungsfreiheit ein Widerspruch in sich.

[51] BVerwGE 43, S. 38 (S. 40). Vgl. in diesem Zusammenhang auch den im beamtenrechtlichen Schrifttum unterbreiteten Reformvorschlag einer rahmengesetzlichen Regelung des Beurteilungsverfahrens: ... „(2) Der Beamte ist zu dem Entwurf der dienstlichen Beurteilung zu hören. Eine ohne Anhörung nach Satz 1 erstellte dienstliche Beurteilung darf nicht verwertet werden". — (E. *Feindt*, Die Beteiligung des Beamten im Beurteilungsverfahren — Ein Beitrag zur Rechtsfortbildung —, ZBR 1972, S. 264 ff. (S. 268).

[52] Vgl. O. *Bachof*, JZ 1972, S. 208. H. *Kellner*, Neue Erkenntnisse zum Beurteilungsspielraum?, DÖV 1972, S. 801 ff. (S. 801) hat dieser Deutung *Bachofs* widersprochen.

[53] Vgl. BVerwG, Urt. v. 16. 12. 1971 = BVerwGE 39, S. 197 = NJW 1972, S. 596 = JZ 1972, S. 205 mit Anm. O. *Bachof* = DVBl. 1972, S. 388 mit Anm. J. *Schmidt-Salzer* und Th. *Wagenitz*. Siehe jetzt auch VG Berlin, NJW 1973, S. 1148. Das OVG Lüneburg, DVBl. 1972, S. 393 (S. 396) steht allerdings für den Ausschluß eines Künstlers von der Erteilung öffentlicher Aufträge unter Berufung auf BVerwGE 23/194 (201) (Filmbewertungsstelle) auf dem Standpunkt, daß die Ausgestaltung des Verwaltungsverfahrens in keinem Fall dazu führen könne, den gerichtlichen Schutz des Bürgers einzuschränken. Zur eingeschränkten richterlichen Kontrolle über den Personalgutachterausschuß für die Streitkräfte vgl. bereits früher BVerwGE 12, S. 20.

bar wie in dem zuvor behandelten Fragenkomplex, erste Ansätze für die Bestimmung des funktionalen Zusammenhanges von Verwaltungsverfahren und Verwaltungsgerichtsbarkeit sichtbar. Es wird zwischen der organisatorischen Ausgestaltung des Verwaltungsverfahrens und dem Ausmaß richterlicher Kontrolle eine Beziehung hergestellt. Allerdings stellt sich jetzt sofort die weitere Frage[54], mit welchen Garantien das Verwaltungsverfahren ausgestattet sein muß, in dem über die Auswahl der Prüfer, deren Sachkunde und gesellschaftliche Repräsentanz entschieden wird, damit eine Einschränkung des richterlichen Kontrollumfangs sich rechtfertigen läßt.

---

[54] Vgl. besonders S. Ott, Die neuere Rechtsprechung des Bundesverwaltungsgerichts zum literarischen Jugendschutz in verfassungsrechtlicher Sicht, NJW 1972, S. 1219 (S. 1221 Fußn. 15), der in seiner Kritik an der Entscheidung des BVerwG u. a. auch diesen Punkt hervorhebt.

III. Der Zusammenhang von Verwaltungsverfahrensrecht und Gerichtskontrolle im deutschen und amerikanischen Verwaltungsrecht (Überblick)

1. An diesem kurzen Überblick über die jüngste Verwaltungsrechtsprechung ist auffällig, daß alle näher konkretisierten Äußerungen zum Zusammenhang von Verwaltungsverfahren und verwaltungsgerichtlichem Rechtsschutz auf dem Gebiet der Kontrolle des administrativen Ermessens oder der Überprüfung unbestimmter Rechtsbegriffe gefallen sind. Dies ist allerdings bei näherer Betrachtung nicht besonders erstaunlich, denn in der deutschen Verwaltungsrechtsordnung bestimmt sich das in Anspruch genommene Ausmaß des richterlichen Prüfungsrechts im Gegensatz etwa zur französischen und amerikanischen Verwaltungsrechtsprechung nicht vornehmlich nach dem Umfang des individuellen Rechtsschutzbedürfnisses, der Grobheit von Fehlern der Verwaltung, der Zuverlässigkeit des von der Verwaltung gewählten Verfahrens oder einer angemessen verteilten Verantwortung zwischen Exekutive und Gerichtsbarkeit, um nur einige der in jenen ausländischen Rechtsordnungen maßgeblichen Kriterien zu nennen, sondern in erster Linie danach, ob die Verwaltungsmaßnahmen im behördlichen Ermessen stehen oder ob unbestimmte Rechtsbegriffe im Spiele sind, die sich als mehr oder weniger nachprüfbar erweisen. *E. Steindorff*[55] hat bei uns auf diesen grundlegenden Unterschied bereits frühzeitig und in sehr eindringlicher Weise aufmerksam gemacht.

2. Allerdings sind damit die funktionale Aufgabenverteilung und Aufgabenzuordnung zwischen administrativem Verfahren und gerichtlicher Kontrolle, wie sie in jenen ausländischen Rechtsordnungen praktiziert werden und im deutschen Recht trotz aller Verschiedenheit der Rechtssysteme jedenfalls als mögliche Lösungsmodelle überdacht werden sollten, noch nicht hinlänglich beschrieben.

Nähere Aufschlüsse speziell über das amerikanische Verwaltungsrecht bietet in diesem Zusammenhang vor allem eine Studie

---

[55] Vgl. *E. Steindorff*, Die Nichtigkeitsklage im Recht der Europäischen Gemeinschaft für Kohle und Stahl, Frankfurt a. M. 1952, besonders S. 95 bis 96. Vgl. *ders.*, Der unbestimmte Rechtsbegriff im Lichte der französischen und amerikanischen Verwaltungsrechtsprechung, DVBl. 1954, S. 110 ff. (S. 113). Vgl. außerdem *R. Jarosch*, Die Prüfung unbestimmter Rechtsbegriffe durch die Verwaltungsgerichte, DVBl. 1954, S. 521 ff. (S. 523 f.).

III. Deutsches und amerikanisches Verwaltungsrecht (Überblick)

F. Scharpfs[56], in der er die Systeme der deutschen und der amerikanischen Verwaltungskontrolle vergleicht. Diese Studie darf neben einer kürzlich erschienenen Untersuchung *W. Hallers*[57] über Fragen der Justiziabilität in der amerikanischen höchstrichterlichen Rechtsprechung wohl als einer der wichtigsten einschlägigen Beiträge auf dem Gebiete der rechtsstaatlichen Verwaltungskontrolle aus der letzten Zeit bezeichnet werden. An ihre Ergebnisse soll hier angeknüpft werden. Dies ist um so eher möglich, als beide Untersuchungen unabhängig voneinander in dem hier interessierenden Bereich zu praktisch denselben Resultaten[58] geführt haben.

3. Mit dem deutschen und dem amerikanischen Rechtsschutzsystem werden zwei grundlegend verschiedene[59] Lösungsmodelle der rechtsstaatlichen Verwaltungskontrolle und der Aufgabenverteilung zwischen Verwaltungsverfahren und Gerichtsbarkeit einander gegenübergestellt.

In Deutschland[60] ist der Rechtsschutz gegenüber der Verwaltung in erster Linie als verwaltungsgerichtlicher Schutz ausgestaltet, während in den Vereinigten Staaten das Schwergewicht auf dem von Regierung und Verwaltung selbst einzuhaltenden, rechtsförmlichen Verfahren ruht[61]. So versteht es sich, daß das deutsche Verwaltungsrecht vornehm-

---

[56] Vgl. *F. Scharpf*, Die politischen Kosten des Rechtsstaates, Tübingen 1970.

[57] Vgl. *W. Haller*, Supreme Court und Politik in den USA, Bern 1972, besonders S. 109 ff., 289 ff.

[58] Für die Übereinstimmung von *F. Scharpf* und *W. Haller* besonders bezeichnend *W. Haller*, S. 109 Fußn. 302. Daneben verdienen unter den aus deutscher Sicht geschriebenen Arbeiten aus jüngster Zeit noch *G. Albert*, Stellung, Funktion und verfassungsrechtliche Problematik der Independent Regulatory Commissions in den Vereinigten Staaten von Amerika, Berlin 1971, besonders S. 180 ff. und *E. Rehbinder*, *H. G. Burgbacher* und *R. Knieper*, Bürgerklage im Umweltrecht, Berlin 1972, besonders S. 74 ff., besondere Beachtung.

[59] Im europäischen Recht läßt sich das amerikanische Rechtsschutzmodell trotz vieler Eigenheiten am ehesten mit dem modernen *österreichischen* Verwaltungsprozeß vergleichen. In durchaus ähnlicher Weise findet man dort ein rechtsförmliches Verwaltungsverfahren und eine auf bloße Rechtskontrolle beschränkte Verwaltungsgerichtsbarkeit. Vgl. dazu *C. Rasenack*, Verwaltungsverfahren in den Vereinigten Staaten, DÖV 1970, S. 851; *F. Kopp*, Verfassungsrecht und Verwaltungsverfahrensrecht, München 1971, S. 63. Zum Rechtsschutz gegenüber der Exekutive in *Österreich* siehe *G. Winkler*, Der gerichtliche Rechtsschutz des Einzelnen gegenüber der vollziehenden Gewalt in Österreich, in: Gerichtsschutz gegen die Exekutive (Hrsg. H. Mosler), Bd. 2 (Länderberichte), Köln, Berlin, Bonn, München 1970, S. 835 ff. Speziell zum *österreichischen* Verwaltungsverfahren vgl. u. a. *H. Spanner*, Einführung, in: Verwaltungsverfahrensgesetze des Auslandes (Schriftenreihe der Hochschule Speyer Bd. 31/I), Berlin 1967, S. 413 ff.; *E. Mannlicher*, Das Verwaltungsverfahren, 7. Aufl. 1964; *E. Melichar*, Das Verwaltungsverfahren, VVDtStRL 17 (1959), S. 183 ff.

[60] Dazu und zum folgenden vgl. besonders *F. Scharpf*, S. 14 ff.

[61] Vgl. *W. Haller*, S. 110, 296 f.; *A. van Alstyne*, Judicial Protection of the Individual against the Executive in the United States of America, in: Ge-

III. Deutsches und amerikanisches Verwaltungsrecht (Überblick)

lich materielles Recht ist, während für das amerikanische *administrative law* das Verfahrensrecht beherrschend im Vordergrund steht. Während der deutsche Verwaltungsrichter in der Regel die materielle Richtigkeit der Anordnungen der Verwaltung kontrolliert, überwacht das amerikanische Gericht in erster Linie die „Fairness" des behördlichen Verfahrens und legt sich bei der Prüfung seines sachlichen Ergebnisses im allgemeinen erhebliche Zurückhaltung auf[62]. M. a. W.: Da das Verwaltungsverfahren in den USA bereits ausgeprägte Sicherungsmöglichkeiten sowie Beteiligungs- und Rechtsschutzgarantien enthält, kann die gerichtliche Kontrolle dementsprechend auf die Überwachung des „due process"[63] und eine im übrigen nur begrenzte materielle Rechtmäßigkeitsprüfung[64] beschränkt werden.

4. Die Gründe für eine solche Aufgabenverteilung zwischen Verwaltungsverfahren und gerichtlichem Rechtsschutz in den Vereinigten Staaten sind komplexer Natur. Sie sind wiederholt beschrieben worden. Besondere Hervorhebung verdient vor allem die generell mehr pragmatisch bestimmte Sicht verwaltungsrechtlicher Probleme und Zusammenhänge im amerikanischen Recht. So erklärt es sich denn auch, daß Verwaltung und Gerichtsbarkeit jedenfalls prinzipiell nicht als Gegensätze angesehen werden, sondern das Verhältnis beider Staatsgewalten zueinander eher als eine Art arbeitsteiliges Zusammenwirken begriffen wird, das sich vornehmlich aus praktischen Notwendigkeiten ergibt[65].

Für das Ausmaß richterlicher Kontrolle ist dementsprechend nicht so sehr die „analytische"[66] Unterscheidung zwischen unüberprüfbarer Tatfrage und richterlich zu beurteilender Rechtsfrage wie die funktionell-

---

richtsschutz gegen die Exekutive (Hrsg. H. Mosler), Bd. 2 (Länderberichte), Köln, Berlin, Bonn, München 1970, S. 1123 ff. (S. 1171).

[62] Vgl. *W. Haller*, S. 296 f., 316 f.; *E. Rehbinder*, *H. G. Burgbacher* und *R. Knieper*, Bürgerklage im Umweltrecht, S. 74 ff.

[63] Zur Bedeutung des „due process" im amerikanischen Recht vgl. u. a.: *H. Ehmke*, Wirtschaft und Verfassung, Karlsruhe 1961, S. 269 ff.; *H. Hausheer*, Rechtsgleichheit — Due Process und Equal Protection, Bern 1966, S. 47 ff.; *H. Steinberger*, Rassendiskriminierung und oberster Gerichtshof in den Vereinigten Staaten von Amerika, Köln, Berlin 1969, S. 97 ff.; *G. Albert*, Stellung, Funktion und verfassungsrechtliche Problematik der Independent Regulatory Commissions in den Vereinigten Staaten von Amerika, Berlin 1971, S. 152 ff.

[64] Vgl. besonders *F. Scharpf*, S. 25 f.; *W. Haller*, S. 296 f.; *E. Rehbinder*, *H. G. Burgbacher* und *R. Knieper*, Bürgerklage im Umweltrecht, S. 74 ff.; *G. Alber*, S. 196 ff.; *H. Avenarius*, Selbstgesetzte Entscheidungsregeln der Bundes-Verwaltungsbehörden in den USA, DÖV 1971, S. 223 ff. (S. 228).

[65] Vgl. dazu vor allem *W. Haller*, S. 297 m. w. N. *Louis L. Jaffe*, Judical Control of Administrative Action, Boston, Toronto 1965, S. 546 spricht davon, daß „... the administrative and the judiciary *share* the role of law pronouncing and law making. They are *in partnership* ...".

[66] Obwohl *Louis L. Jaffe*, Judicial Control of Administrative Action, Boston, Toronto 1965, S. 546 ff. generell einer solchen „analytischen" Unter-

III. Deutsches und amerikanisches Verwaltungsrecht (Überblick)

rechtliche Überlegung maßgebend, ob eher die Verwaltungsbehörde oder das Gericht als zur Entscheidung kompetent anzusehen ist[67]. Richterliche Kontrolle allein des Verwaltungsverfahrens findet vor allem dort statt, wo die Sache nach der von Fall zu Fall gebildeten Überzeugung des Gerichts in Gestalt der sachkundigen, mit Expertenwissen ausgestatteten Verwaltungsbehörde einen besseren „Richter" gefunden hat[68]. Umgekehrt nimmt das Ausmaß richterlicher Kontrolle dort zu, wo fundamentale Rechts- und Verfassungsgarantien auf dem Spiele stehen[69] oder wenn das Verwaltungsverfahren im konkreten Fall für das Gericht zu Mißtrauen Anlaß gibt.

Deshalb nimmt es auch nicht wunder, daß trotz aller Kritik am amerikanischen Verwaltungskontrollmodell[70] überwiegend zunächst an den Einbau verfahrensrechtlicher Garantien *(procedural safeguards)* in das administrative Verfahren[71] und erst danach an eine Erweiterung

---

scheidung den Vorzug gibt, gelangt er zu sehr ähnlichen Ergebnissen wie der vorherrschende praktische oder funktionale Ansatz (vgl. *Louis L. Jaffe*, S. 569—592). Vgl. dazu *F. Scharpf*, S. 32 Fußn. 69). Zur herrschenden praktischen oder funktionalen Betrachtungsweise vgl. die Nachweise unten Fußnote 67.

[67] Für eine solche praktische („practical approach") oder funktionell-rechtliche Betrachtungsweise vor allem *Kenneth Culp Davis*, Administrative Law Treatise, Vol. 4, St. Paul, Minn. 1958, § 30. 04 (vgl. im einzelnen §§ 30. 09— § 30. 11). Außerdem etwa *Frank E. Cooper*, State Administrative Law, Vol. 2, 1965, S. 666 f.; *James M. Landis*, The administrative Process, New Haven (1938), 5. Nachdruck, 1947, S. 146. Aus deutscher Sicht vgl. besonders *F. Scharpf*, S. 32; *E. Rehbinder, H. G. Burgbacher* und *R. Knieper*, Bürgerklage im Umweltrecht, S. 76 f.

[68] Vgl. dazu K. C. Davis, §§ 30. 09 ff. = S. 241 ff. Außerdem *W. Haller*, S. 316/17; *E. Rehbinder, H. G. Burgbacher* und *R. Knieper*, S. 76; *G. Albert*, S. 203; *F. Scharpf*, S. 32.

[69] So ist etwa gegenwärtig wegen der auf dem Spiele stehenden fundamentalen Lebensinteressen im Bereich des Umweltschutzes eine stärkere richterliche Überprüfung behördlicher Entscheidungen festzustellen. Vgl. dazu *E. Rehbinder, H. G. Burgbacher* und *R. Knieper*, S. 77 ff. m. w. N.

[70] Besonders bei der amerikanischen Anwaltschaft ist das insoweit grundlegende Bundesverwaltungsverfahrensgesetz, der Administrative Procedure Act (APA) von 1946 (60 Stat. 237 [1946], 5. U. S. C. A. § 1001 = Deutscher Text bei C. H. Ule [Hrsg.], Verwaltungsverfahrensgesetze des Auslandes [Schriftenreihe der Hochschule Speyer Bd. 31/II], Berlin 1967, S. 924 ff.) von Anfang an auf Kritik gestoßen. Die amerikanische Anwaltsvereinigung (American Bar Association) hat sich stets für ein größeres Maß an rechtlicher Bindung des Verwaltungshandelns und eine verstärkte gerichtliche Kontrolle eingesetzt. Vgl. dazu vor allem *C. Byse/R. A. Riegert*, Das amerikanische Bundesverwaltungsverfahrensgesetz von 1946, in: Staatsbürger und Staatsgewalt (Hrsg. H. R. Külz und F. Naumann), Bd. 1, Karlsruhe 1963, S. 405 ff. (S. 412, 415, 436 ff. m. w. N.). Zur Kritik am APA vgl. außerdem *F. Morstein-Marx*, Einführung, in: Verwaltungsverfahrensgesetze des Auslandes (Schriftenreihe der Hochschule Speyer Bd. 31/II), Berlin 1967, S. 899 ff.; *K. Stern*, Verwaltungslehre — Notwendigkeit und Aufgabe im heutigen Sozialstaat, in: Gedächtnisschrift H. Peters, Berlin, Heidelberg, New York 1967, S. 219 ff. (S. 241 m. w. N.).

III. Deutsches und amerikanisches Verwaltungsrecht (Überblick) 31

des „judicial review" gedacht wird[72], wie überhaupt die Rechtsentwicklung in Amerika durch den Zentralbegriff[73] des „due process", des dem Erfordernis der Gerechtigkeit geschuldeten Verfahrens, geprägt worden ist, so daß *Justice Frankfurter*[74] die Geschichte der amerikanischen Freiheit als „in no small measure the history of procedure" beschreiben konnte.

5. Demgegenüber liegt in einer Rechtsordnung, die, wie die deutsche, die rechtsstaatliche Bindung der Exekutive bisher nicht über das Verwaltungsverfahrensrecht, sondern mit Hilfe materieller Bindungen der Verwaltungsentscheidung zu erreichen gesucht hat, das Schwergewicht beinahe zwangsläufig auf einem verstärkten Gerichtsschutz, und in der Kontrolle der sachlichen Richtigkeit der Verwaltungsakte. Das Recht der Letzterkenntnis[75] und damit auch die Letztverantwortung soll jedenfalls prinzipiell dem Richter zustehen. Nur er allein — nicht aber daneben die Verwaltung — gewähre wirklichen und wirksamen Rechtsschutz[76]. Eine funktionale Aufgabenverteilung und Aufgabenzuordnung zwischen Verwaltungsverfahrensrecht und Gerichtsbarkeit nach der Art der amerikanischen Rechtsordnung findet im deutschen Recht, wenn überhaupt, nur in eng begrenztem Rahmen statt.

---

[71] Vgl. dazu besonders *W. Haller*, S. 296 f.; *G. Rasenack*, Verwaltungsverfahren in den Vereinigten Staaten, DÖV 1970, S. 851 ff. (S. 852).

[72] *Richard M. Buxbaum*, Die private Klage als Mittel zur Durchsetzung wirtschaftspolitischer Rechtsnormen, Karlsruhe 1972, S. 57, FN 111 berichtet allerdings im ausdrücklichen Gegensatz zu *F. Scharpf*, daß sich gegenwärtig die Intensität der richterlichen Kontrolle über das Verwaltungshandeln wieder stark gesteigert habe. Gerade die viel gepriesene Expertise der Verwaltung sei zu einem justiziablen Problem geworden. Der behördlichen Kurzsichtigkeit und Lethargie werde in zunehmenden Maße die private Klage entgegengestellt (*Buxbaum*, S. 59).

[73] *E. Wolf*, Verfassungsgerichtsbarkeit und Verfassungstreue in den Vereinigten Staaten, Basel 1961, S. 118 bezeichnet die Due Process-Klausel heute als wichtigste Bestimmung der amerikanischen Verfassung. Sie hat nicht nur eine prozessuale Bedeutung im engeren Sinne („procedural due process"). Mindestens ebenso wichtig ist ihre materiellrechtliche Ausprägung („substantive due process"). Vgl. dazu *G. Alber*, S. 155 f. und S. 157 f.

[74] Malinski v. New York (324 U.S. 401, 414. 1945). Nachweis bei *M. E. Dimock* und *G. O. Dimock*, Public Administration, 4. Aufl., 1969, S. 130.

[75] Vgl. besonders *H. H. Rupp*, Grundfragen der heutigen Verwaltungsrechtslehre, Tübingen 1965, S. 221. Dazu ebenfalls: *K. Redeker*, Fragen der Kontrolldichte verwaltungsgerichtlicher Rechtsprechung, DÖV 1971, S. 757 ff. (S. 759 Fußn. 18); VGH München, DVBl. 1967, S. 89 (S. 91).

[76] Vgl. u. a. *K. A. Bettermann*, Das Verwaltungsverfahren, VVDtStRL 17, S. 118 ff. (S. 169). Aus neuester Zeit besonders prononciert *R. Scholz*, Wirtschaftsaufsicht und subjektiver Konkurrentenschutz, Berlin 1971, S. 121.

IV. Kritik am bestehenden Rechtsschutzsystem in Deutschland

1. Das in Deutschland bestehende Rechtsschutzsystem ist allerdings in der letzten Zeit nicht nur in seiner funktionalen Aufgabenverteilung zwischen Verwaltungsverfahren und verwaltungsgerichtlichem Rechtsschutz als fragwürdig erkannt worden.

2. Zwar ist es durchaus richtig, daß es kein perfektes System der Kontrolle der Staatsgewalt geben kann[76a], aber allenthalben nimmt u. a. die Sorge über die Verfahrensdauer der Verwaltungsgerichtsprozesse zu[77]. Es ist wohl für keinen Zweig der Gerichtsbarkeit so nachdrücklich eine Beschleunigung des Verfahrens gefordert worden wie gerade für die Verwaltungsgerichtsbarkeit[78], denn es ist zu Recht die Frage aufgeworfen worden, was dem Bürger ein noch so fein verästeltes und ausgebautes Rechtsschutzsystem nütze, wenn er sein Urteil erst spät, vielleicht zu spät erhalte[79]. Das Verhältnis des Richters zur Zeit ist zu einem entscheidenden juristischen Problem geworden[80].

3. Darüber hinaus ist besonders unter dem Einfluß rechtsvergleichender Forschung[81] die Einsicht gewachsen, daß der Gerichtsschutz gegen die Exekutive weder das einzige noch unter allen Umständen das wirksamste und angemessenste Mittel der Verwaltungskontrolle und der

---

[76a] Vgl. die verwaltungswissenschaftliche Abhandlung „Mängel im Verhältnis von Bürger und Staat" (Hrsg. W. Thieme), Köln, Berlin, Bonn, München 1970, S. 62.

[77] Vgl. dazu vor allem G. *Brunner*, Kontrolle in Deutschland, Köln 1972, S. 283 ff. mit weiteren Nachweisen und umfangreichem statistischen Material. Vgl. außerdem die oben in Fußnote 76 a angeführte Abhandlung S. 42/43. E. K. *Pakuscher*, Gedanken zur Beschleunigung des Revisionsverfahrens in Verwaltungsstreitsachen, DÖV 1971, S. 217 ff. (S. 217) bezeichnet die zu lange Klagedauer als ein internationales Problem.

[78] Vgl. A. *Koehler*, Aufbau und Umfang der Verwaltungsgerichtsbarkeit, in: Staatsbürger und Staatsgewalt, Bd. 2, Karlsruhe 1963, S. 565 ff. (S. 574 f.).

[79] Vgl. F. *Werner*, Zur Kritik an der Verwaltungsgerichtsbarkeit, DVBl. 1957, S. 221 ff. (S. 222); A. *Koehler*, S. 575.

[80] Vgl. besonders W. *Zeidler*, Richter und Verfassung, DÖV 1971, S. 6 ff. (S. 15) und H. *Huber*, Der Standort des Richters in der modernen Gesellschaft, in: ders., Rechtstheorie, Verfassungsrecht, Völkerrecht, Bern 1971, S. 435 ff. (S. 447). P. *Lerche*, Stiller Verfassungswandel als aktuelles Politikum, in: Festgabe für Th. Maunz, München 1971, S. 285 ff. (S. 300 FN 31), hat in diesem Zusammenhang allgemein registriert, daß dem Zeitfaktor im öffentlichen Recht allmählich gesteigerte Aufmerksamkeit zugedacht werde.

[81] Gerichtsschutz gegen die Exekutive (Hrsg. H. Mosler) Bd. 1—3, Köln, Berlin, Bonn, München 1969, 1970, 1971.

IV. Kritik am bestehenden Rechtsschutzsystem in Deutschland

Sicherung von Individualrechten ist[82]. Dies wird — wie besonders M. Bullinger[83] hervorgehoben hat — um so bedeutsamer, je mehr sich eine technisierte und indirekt planende und lenkende Exekutive der herkömmlichen Gerichtskontrolle entzieht.

Es ist daher eine eminent wichtige Aufgabe des Rechtsstaats[84], den geänderten Staatsfunktionen (planende und lenkende sozialstaatliche Verwaltung[85]) durch neuartige institutionelle und funktionelle Kontrollmechanismen, etwa durch zeitlich vorverlagerte Sicherungen bereits im Verwaltungsverfahren oder durch eine Einbeziehung wissenschaftlichen Sachverstandes, Rechnung zu tragen, soll nicht der Rechtsschutz — wie bisher — oft ins Leere greifen[86].

4. Bei einer kritischen Analyse des gegenwärtigen Rechtsschutzsystems hat sich aber auf der anderen Seite auch die Erkenntnis zunehmend durchgesetzt, daß der Verwaltung die Erfüllung ihres sozialstaatlichen Gestaltungsauftrags durch eine „schrankenlose" Gerichtskontrolle nicht unmöglich gemacht und ihr die für die Durchführung der staatlichen Aufgaben erforderliche Handlungsfreiheit belassen werden müsse[87]. Die Exekutive kann sich heute nicht mehr auf eine

---

[82] Zur Verkürzung des Rechtsstaatsbegriffs, wenn er allein auf die richterliche Kontrolle beschränkt wird, siehe vor allem U. Scheuner, Die neuere Entwicklung des Rechtsstaates in Deutschland, in: Hundert Jahre Deutsches Rechtsleben, Festschrift zum 100-jährigen Bestehen des Deutschen Juristentages 1860—1960, Bd. II, Karlsruhe 1960, S. 229 ff. (S. 232 f.) und K. Hesse, Der Rechtsstaat im Verfassungssystem des Grundgesetzes, in: Staatsverfassung und Kirchenordnung, Festgabe für R. Smend, Tübingen 1962, S. 71 ff. (S. 76, 80 FN 31).

[83] Vgl. M. Bullinger, Der Gerichtsschutz gegenüber der vollziehenden Gewalt in rechtsvergleichender Sicht, in: Gerichtsschutz gegen die Exekutive, Bd. 3 (Rechtsvergleichung — Völkerrecht), Köln, Berlin, Bonn, München 1971, S. 199 ff. (S. 226).

[84] Vgl. E. Stachels, Das Stabilitätsgesetz im System des Regierungshandelns, Berlin 1970, speziell im Vorwort (S. XXVII) und S. 69. Vgl. zur erhöhten Bedeutung der Kontrolle von Regierung und Verwaltung auch G. Witte-Wegmann, Recht und Kontrollfunktion der Großen, Kleinen und Mündlichen Anfragen im Deutschen Bundestag, Berlin 1972, S. 12.

[85] Vgl. zu dem sich vollziehenden Funktionswechsel des Staates vom Ordnungs- zum Sozialstaat u. a. E. Schmitz, Das Recht der öffentlichen Aufträge im gemeinsamen Markt, Baden-Baden 1972, S. 33; W. Zeh, Perspektiven für eine Grundgesetzreform, ZRP 1972, S. 171 ff. (S. 171); H. Schäfer, Moderne Verwaltung im sozialen Rechtsstaat, DVBl. 1972, S. 405.

[86] Vgl. dazu besonders M. Imboden, Der Plan als verwaltungsrechtliches Institut, VVDtStRL 18 (1960), S. 113 ff. (S. 136 f.). Vgl. außerdem W. Hoppe, Rechtsschutz bei der Planung von Straßen und anderen Verkehrsanlagen, München 1971 (Vorwort).

[87] Vgl. u. a. H. Ehmke, „Ermessen" und „unbestimmter Rechtsbegriff" im Verwaltungsrecht, Tübingen 1960, S. 51; G. Oettl, Grenzen der Gerichtsbarkeit im sozialen Rechtsstaat, Berlin 1971, S. 89; K. Redeker, Fragen der Kontrolldichte verwaltungsgerichtlicher Rechtsprechung, DÖV 1971, S. 757 ff. (S. 758).

IV. Kritik am bestehenden Rechtsschutzsystem in Deutschland

bewahrende und die Ordnung sichernde Position beschränken[88]. Sie ist zur aktiven Sozialgestaltung aufgerufen[89], und ihr muß deshalb trotz der Überwachung durch die Gerichte im modernen demokratischen Industriestaat die primäre Verantwortung für das Gedeihen des Gemeinwohls erhalten bleiben[90]. Es fehlt noch an einer geschlossenen Theorie, die den „sozialstaatlichen Gestaltungsauftrag und die rechtsstaatliche Bindung" in Einklang bringt[91].

---

[88] Vgl. besonders H. *Weichmann*, Wandel der Staatsaufgaben im modernen Staat, in: Planung III (Hrsg. J. H. Kaiser), Baden-Baden 1968, S. 39 ff. (S. 44).

[89] Vgl. besonders P. *Badura*, Auftrag und Grenzen der Verwaltung im sozialen Rechtsstaat, DÖV 1968, S. 446 ff. (S. 450 f.).

[90] Vgl. M. *Bullinger*, Der Gerichtsschutz gegenüber der vollziehenden Gewalt, S. 226.

[91] Vgl. K. *Redeker*, Sozialstaatliche Gestaltung und rechtsstaatliche Bindung, DVBl. 1971, S. 369 ff.

V. Grundprobleme des funktionalen Zusammenhanges von Verwaltungsverfahrensrecht und Gerichtskontrolle auf ausgewählten Gebieten des besonderen Verwaltungsrechts

1. Die Bestandsaufnahme der Kritik am gegenwärtigen deutschen Rechtsschutzsystem bliebe unvollständig, wenn sie sich allein auf das allgemeine Verwaltungsrecht und dementsprechend die Verwaltungsgerichtsordnung (VwGO) beschränken würde. Ohnehin leidet die Verwaltungsrechtslehre daran, daß heute viele Zweige des besonderen Verwaltungsrechts praktisch ein Eigenleben führen und die den verschiedenen Rechtsgebieten trotz aller Eigengesetzlichkeit gemeinsamen Grundfragen nur wenig Beachtung finden. Um so bemerkenswerter ist es, daß bei näherem Zusehen in nahezu allen hochkomplizierten, ökonomisch, technisch, planerisch und nicht zuletzt juristisch schwer zu bewältigenden Bereichen des besonderen Verwaltungsrechts, jedenfalls, was die Bedeutung des Verwaltungsverfahrens und dessen funktionalen Zusammenhang mit der nachträglichen Gerichtskontrolle anlangt, in etwa die gleichen Probleme auftauchen:

— Regelmäßig sind die Bestimmungen über das Verfahren vor den Verwaltungsbehörden bzw. vor den Gerichten vernachlässigt worden oder sie erscheinen als erneuerungsbedürftig.

— Dem Richter ist im System staatlicher Aufgabenbewältigung vielfach eine Schlüsselstellung zugefallen, was bisher kaum erkannt und gewürdigt worden ist.

— Erst in neuerer Zeit hat sich die Erkenntnis durchgesetzt, daß häufig ein Mangel an Möglichkeiten für materiell-rechtliche Regelungen besteht und daß eine uneingeschränkte Nachprüfung komplizierter Verwaltungsmaßnahmen die Gerichte vor eine kaum lösbare Aufgabe stellen würde.

— Als Ausweg wird vor allem an eine verstärkte Beteiligung der Betroffenen bereits im Verwaltungsverfahren gedacht.

— Für eine verstärkte Mitwirkung des Bürgers am Verwaltungsverfahren fehlt es aber häufig noch an angemessenen rechtlichen Formen, in denen sich kooperatives Handeln zwischen Bürger und Verwaltung vollziehen könnte.

36   V. Beispielsfälle im besonderen Verwaltungsrecht

2. So ist etwa für das *Kartellrecht*[92] bereits während der Vorarbeiten zum Gesetz gegen Wettbewerbsbeschränkungen (GWB)[93] auf den „Torsocharakter" des Vierten Teiles des Gesetzes (§§ 51 ff.)[94] hingewiesen und entschieden davor gewarnt worden, die Bestimmungen über das Verfahren vor den Kartellbehörden und über den gerichtlichen Rechtsschutz zu vernachlässigen[95]. Gleichwohl blieben die Verfahrensfragen bekanntlich angesichts des leidenschaftlichen wirtschaftspolitischen Kampfes um den materiell-rechtlichen Teil des Gesetzes im Schatten jener Auseinandersetzung[96]. Die Mängel der Verfahrensregelung wurden sogar bewußt hingenommen, um den Erlaß des Gesetzes nicht noch weiter hinauszuzögern[97]. Es ist deshalb also um so beklagenswerter empfunden worden, daß das Kartellverwaltungs- und Prozeßrecht auch nach Inkrafttreten des GWB im Verhältnis zu dem umfangreichen Schrifttum zum materiellen Kartellrecht in der wissenschaftlichen Erörterung zu kurz gekommen ist[98].

Allerdings sind die Verfahrensfragen, die *H. Würdinger*[99] bereits zu Anfang der Diskussion als die eigentliche Problematik des Kartellgesetzes bezeichnet hatte, besonders unter dem Eindruck der engagierten Kritik des Bundeskartellamts an der Entscheidungspraxis des für Kartellsachen zuständigen Berliner Kammergerichts neuerlich wieder mehr in das Blickfeld gerückt worden[100]. Die Kritik der Kartellbehörde geht dahin, dem Kammergericht sei innerhalb des Gesamtsystems der

---

[92] Es mag verwunderlich sein, daß im Rahmen einer verwaltungsrechtlichen Untersuchung gerade das Kartellrecht als Paradigma an den Anfang gestellt wird. An diesem Rechtsgebiet läßt sich aber m. E. besonders klar die Notwendigkeit einer funktionalen Aufgabenverteilung im Verhältnis von Verwaltungsverfahren und Gerichtsbarkeit darstellen, die sich bei der Anwendung juristischer Normen auf ökonomische Sachverhalte ergibt.
[93] Gesetz gegen Wettbewerbsbeschränkungen vom 27. 7. 1957 = BGBl. I S. 1081.
[94] Vgl. *G. Lüke/P. Bähr*, Einstweilige Anordnungen zum sofortigen Vollzug kartellbehördlicher Verfügungen, in: Wettbewerb als Aufgabe, Bad Homburg v. d. H.—Berlin—Zürich 1968, S. 519 ff. (S. 521).
[95] Vgl. besonders *E. Forsthoff*, Die Verfahrensvorschriften im Kartellgesetz, in: Festschrift für R. Isay, Köln—Berlin 1956, S. 95 ff. (S. 105 f., 112).
[96] *K. Zweigert* im Gemeinschaftskommentar, 2. Aufl., Köln—Berlin—Bonn—München 1963, Vorbemerkung zu §§ 62—75 Rdnr. 1.
[97] *K. Zweigert*, Rdnr. 1.
[98] Vgl. *G. Lüke/P. Bähr*, S. 522. *K. Lüdersen*, Erfahrung als Rechtsquelle, Frankfurt a. M. 1972, S. 19 hält die Juristen allein der Materie für nicht gewachsen und beklagt vor allem eine Rechtsunsicherheit bei der Handhabung der Vorschriften über das Bußgeldverfahren, §§ 38 ff. GWB.
[99] *H. Würdinger*, Kartelle und Justiz, Der Betrieb, 1953, S. 226.
[100] Vgl. den Bericht des Bundeskartellamtes über seine Tätigkeit im Jahre 1970 sowie über Lage und Entwicklung auf seinem Aufgabengebiet (§ 50 GWB). BT-Drucksache VI/2380. Dazu *W. Benisch*, Der Tätigkeitsbericht 1970 des Bundeskartellamts, WuW 1971, S. 685 ff.

kartellrechtlichen Rechtsanwendung eine Schlüsselstellung zugefallen und diese Schlüsselstellung sei bei den wettbewerbspolitischen Reformüberlegungen bisher nicht gebührend berücksichtigt worden[101].

Wie man zu dieser Kritik im einzelnen auch stehen mag, immerhin rührt sie an einer Grundfrage des Rechts[102], wie nämlich die Verantwortung zwischen Exekutivbehörde und Gericht im Interesse einer möglichst wirksamen Erfüllung einer vorgegebenen Verwaltungsaufgabe zu verteilen ist.

Auch in der Diskussion um die Einführung einer Konzentrationskontrolle im Wettbewerbsrecht[103] ist die juristische Auseinandersetzung seinerzeit auf diese Grundfrage gestoßen. Es ist vor allem das Verdienst *F. Rittners*[104], in diesem Zusammenhang auf einen Mangel an Möglichkeiten für materiell-rechtliche Normen hingewiesen zu haben, der seines Erachtens nur durch Verfahrensregeln ersetzt werden könne.

Gerade im Bereich des Wirtschaftsrechts gelingt es häufig nur sehr schwer, hinreichend justiziable Gesetzesvorschriften zu formulieren. Justiziabilität der Norm ist aber Voraussetzung für jede Gerichtskon-

---

[101] Vgl. den Bericht des Bundeskartellamts aaO. Siehe dazu außerdem *P. Ulmer*, Für mehr Gewaltenteilung im Kartellverfahren, BB 1972, S. 1472. Kritische Würdigung der Auffassung des Bundeskartellamts bei *F. Rittner*, Das Ermessen der Kartellbehörde, in: Beiträge zum Wirtschaftsrecht, Festschrift für H. Kaufmann, Köln 1972, S. 307 ff.

[102] Vgl. *K. H. v. Köhler*, Grenzen der gerichtlichen Kontrolle im Kartellrecht, DÖV 1960, S. 210. Zur Auslegung des § 70 IV GWB, der gegenwärtig die gerichtliche Kontrolle kartellbehördlichen Ermessens regelt, vgl. *F. Rittner*, Das Ermessen der Kartellbehörde, S. 310 ff.; *H. Würdinger*, Rechtskontrolle der Verfügungen der Kartellbehörde durch die Gerichte (§ 70 Abs. 4 GWB), WuW 1958, S. 392 ff.; *E. Kull*, Zur Rechtsnatur des Verfahrens in Kartell-Verwaltungssachen, JZ 1961, S. 681 ff. (S. 682 f.). Zu möglichen Änderungen dieser Vorschrift vgl. *W. Kartte*, Ein neues Leitbild für die Wettbewerbspolitik, Köln—Berlin—Bonn—München 1969, S. 86; *P. Ulmer*, BB 1972, S. 1472.

[103] Vgl. dazu den Referentenentwurf eines Zweiten Gesetzes zur Änderung des Gesetzes gegen Wettbewerbsbeschränkungen vom 20. 3. 1970, dessen überarbeitete Fassung vom 28. 10. 1970, die Regierungsvorlage vom 19. 5. 1971 = BT-Drucksache VI/2520, den mit der Regierungsvorlage übereinstimmenden Initiativentwurf der Bundestagsfraktionen von SPD und FDP, BT-Drucksache 7/76 und jetzt das Zweite Gesetz zur Änderung des Gesetzes gegen Wettbewerbsbeschränkungen vom 3. 8. 1973, BGBl. I, S. 917 ff. Dazu besonders *F. Rittner*, Konzentrationskontrolle — aber wie?, Der Betrieb 1970, S. 669 und S. 717 ff.; *E. Steindorff*, Zur Novellierung des Kartellrechts, BB 1970, S. 824 ff.; *G. Klauss*, Wettbewerb zwischen Freiheit und Staatkontrolle, Bonn 1970, *R. Scholz*, Konzentrationskontrolle und Grundgesetz, Stuttgart 1971; *K. Pfeiffer*, Rückwirkende Fusionskontrolle?, BB 1973, S. 311 ff.

[104] Vgl. *F. Rittner*, Konzentrationskontrolle, S. 719. Zustimmend insoweit *P. Raisch*, Zur Notwendigkeit einer effektiven Fusionskontrolle aus wettbewerbspolitischer und gesamtwirtschaftlicher Sicht, in: Fusionskontrolle (von *P. Raisch, A. Sölter, W. Kartte*), Stuttgart—Berlin—Köln—Mainz 1970, S. 11 ff. (S. 32 f.); *E. Steindorff*, Zur Novellierung des Kartellrechts, BB 1970, S. 824 ff. (S. 829).

trolle[105]. Im übrigen muß eine uneingeschränkte Nachprüfung komplizierter wirtschaftlicher Vorgänge oder Maßnahmen für die Gerichte zu unüberwindbaren Schwierigkeiten führen und sie letztlich überfordern[106]. In diesem Fall können verfahrensmäßige Lösungen einen Ausweg bieten. Sie brauchen nicht etwa nur ein Notbehelf zu sein, sondern können sich durchaus als eine der Sachaufgabe am ehesten entsprechende Lösung erweisen[107].

Lassen sich wegen der Eigenart der im Wettbewerbsrecht zu bewältigenden, diffizilen wirtschaftspolitischen Aufgabe genügend scharfe materiell-rechtliche Bindungen der Verwaltung nicht erzielen, so muß dieses materiell-rechtliche Defizit durch ein Mehr an verfahrensrechtlichen Garantien ausgeglichen werden[108]. Ohnehin bietet die recht-

---

[105] Vgl. dazu besonders H. *Huber*, Gewerbefreiheit und Eigentumsgarantie, in: *derselbe*, Rechtstheorie, Verfassungsrecht, Völkerrecht, Bern 1971, S. 166 ff. (S. 186): „Ein Begriff wird eben nicht dadurch zu einem justiziablen, daß er zur Klärung den Gerichten übertragen wird, sondern er muß justiziabel sein, um den Gerichten übertragen werden zu können." Dazu auch F. *Gygi*, Rechtsstaatsprobleme der heutigen Wirtschafts- und Sozialordnung, in: Journal der Internationalen Juristenkommission, Bd. IV (1962), S. 3 ff. (S. 17). Ein typisches Beispiel für die Überforderung des Richters, wenn von ihm sehr diffizile wirtschaftspolitische Erwägungen verlangt werden, bieten die jüngsten Erfahrungen in Großbritannien mit der im Gegensatz zur politisch ausgestalteten Monopolkontrolle an rechtlichen Maßstäben orientierten Kartellkonrolle. Die Übertragung der Kartellaufsicht auf ein Organ der Rechtspflege muß nicht notwendig zur Verrechtlichung der Aufsicht führen. Dies kann durchaus lediglich zur Folge haben, daß wirtschaftspolitische Erwägungen nicht mehr mit der gleichen Sachkunde angestellt werden. Vgl. dazu im einzelnen: J. F. *Baur*, Der Mißbrauch im deutschen Kartellrecht, Tübingen 1972, S. 29 ff.

[106] Vgl. dazu für den Bereich des Wirtschaftsplanungsrechts u. a. O. *Bachof* in der Aussprache auf der Staatsrechtslehrertagung 1968, VVDtStRL 27 (1969), S. 93; J. *Schwarze*, Der Eingriff in den Gewerbebetrieb durch Gesetzesänderung, Bielefeld 1969, S. 41.

[107] Vgl. F. *Rittner*, Konzentrationskontrolle — aber wie?, Der Betrieb 1970, S. 669 ff., S. 717 ff. (S. 719). Zu den beiden grundlegenden Gestaltungsmöglichkeiten für die Normierung von Kartellverboten (einerseits eine oder nur wenige Generalklauseln, deren nähere Konkretisierung einem besonderen Verfahren anvertraut wird, andererseits differenziert durchnormierte, die verbotenen Wettbewerbsbeschränkungen einzeln exakt erfassende Tatbestände) vgl. R. *Liebs*, Kartellverbot und Parallelverhalten, WiR 1972, S. 351 ff. (S. 357 f.).

[108] Vgl. F. *Rittner*, Der Betrieb 1970, S. 719 f.; E. *Steindorff*, Zur Novellierung des Kartellrechts, BB 1970, S. 824 ff. (S. 829 f.). R. *Scholz*, Konzentrationskontrolle und Grundgesetz, Stuttgart 1971, S. 101 spricht in diesem Zusammenlang davon, daß die Rechtsordnung für den von der materiell-rechtlichen Einschränkung betroffenen Bürger „kompensierende Schutzinstitute" in verfahrensrechtlicher Hinsicht bereitstellen müsse. Vgl. dazu grundsätzlich auch BVerfG, DÖV 1972, S. 606 (S. 609) im sog. Numerus-Clausus-Urteil: „Wenn und solange es sich aber bei der Regelung des Zulassungswesens als unvermeidbar erweist, die materiell-rechtlichen Voraussetzungen durch ausfüllungsbedürftige Normbegriffe zu umschreiben, dann ist um so wichtiger die Frage, wer über die Ausfüllung und Anwendung dieser Begriffe entscheidet und wie dieses Entscheidungsverfahren gestaltet ist."

lich abgesicherte Beteiligung der Interessenten am Verwaltungsverfahren den Beteiligten häufig eher rechtsstaatlichen Schutz als die nachträgliche Gerichtskontrolle[109].

Außerdem darf insoweit noch einmal die von E. *Steindorff* mitgeteilte rechtsvergleichende Beobachtung in Erinnerung gerufen werden, daß sich die Gerichte gerade bei der Kontrolle über hohe Wirtschaftsverwaltungs- und Kartellbehörden dort, wo eine solche Kontrolle seit langem geübt wird, etwa in der Nachprüfung tatsächlicher Feststellungen außerordentliche Zurückhaltung auferlegen und sich auf die Kontrolle des behördlichen Verfahrens beschränken[110]. Ein größerer Rechtsschutz durch erhöhte verfahrensmäßige Anforderungen an das Verwaltungshandeln läßt sich jedenfalls dann erzielen, wenn die Qualität der betreffenden Behörden dies generell erlaubt[111].

Dieser kurze Überblick über das Kartellrecht zeigt, daß es dort als eine vordringliche Aufgabe empfunden wird, einen verstärkten Schutz der Beteiligten bereits im Verwaltungsverfahren zu gewähren, soweit er im gerichtlichen Verfahren nicht voll verwirklicht werden kann. Allerdings ist es dann, wenn das Kartellrecht in zunehmendem Maße zu verfahrensmäßigen Lösungen übergeht, auch notwendig, daß die Rechtsordnung für die Kooperation zwischen Unternehmen und Kartellbehörde angemessene Rechtsformen für eine Anhörung der Betroffenen und eine vielleicht noch weiterreichende Zusammenarbeit bereitstellt[112]

---

[109] Vgl. E. *Steindorff*, Die Nichtigkeitsklage, Frankfurt a. M. 1952, S. 103. Neben dem Gebot verfahrensmäßiger Beteiligung der Betroffenen gewinnt gegenwärtig auch die Forderung nach Ökonomen im Bundeskartellamt und in den Kartellgerichten, also die Forderung nach dem „sachverständigen" Richter und Verwaltungsbeamten an Raum. Siehe dazu vor allem Th. *Raiser*, Ökonomen im Bundeskartellamt und in den Kartellgerichten, BB 1972, S. 471 ff. Eine solche Besetzung wäre nicht neu. Auch das ehemalige Reichswirtschaftsgericht ist mit sachverständigen Laienrichtern besetzt gewesen. Vgl. dazu H. *Klinger*, Reichswirtschaftsgericht und Kartellgericht, in: Staatsbürger und Staatsgewalt, Bd. 1, Karlsruhe 1963, S. 103 ff. (S. 106 f.), der auch für die heutigen Kartellgerichte deren Besetzung mit sachverständigen Richtern fordert. Allgemein zum Problem des „sachverständigen Richters" siehe L. *Fröhler*, Rechtsprobleme technischer Begutachtungen, München 1971, S. 62 ff.

[110] Vgl. E. *Steindorff*, in: Zehn Jahre Rechtsprechung des Gerichtshofs der Europäischen Gemeinschaften, Köln—Berlin—Bonn—München 1965. S. 613; *derselbe*, Zur Novellierung des Kartellrechts, BB 1970, S. 824 ff. (S. 829 f.).

[111] Siehe dazu W. v. *Simson*, Zur Kritik am Rechtsschutz in den Europäischen Gemeinschaften, DVBl. 1966, S. 653 ff. (S. 659). Zu den rechtsstaatlichen Anforderungen an das Kartellverwaltungsverfahren vor der Europäischen Kommission vgl. besonders EuGH, Rechtssache 41/69, Bd. XVI, S. 661 = EuR 1971, S. 41 mit Anm. K. *Markert*, Rechtssache 44/69, Bd. XVI, S. 733 und Rechtssache 45/69, Bd. XVI, S. 769. Ferner K. O. *Nass*, Probleme des Europäischen Kartellverfahrens, EuR 1970, S. 100 ff.

[112] J. H. v. *Brunn*, Gedanken und Vorschläge für ein besseres Wettbewerbsgesetz, WuW 1972, S. 145 ff. (S. 156 f.), hat in diesem Zusammenhang

40   V. Beispielsfälle im besonderen Verwaltungsrecht

und deren Konsequenzen für die nachträgliche Gerichtskontrolle im funktionalen Zusammenhang von Verwaltungsverfahren und Gerichtsbarkeit überdenkt.

3. Ein Blick in das *Steuerrecht* bietet im wesentlichen das gleiche Bild. Es ist hier nicht der Ort, den Grad der Verselbständigung des Steuerrechts vom allgemeinen Verwaltungsrecht und dessen Wandel zu einer eigenen Rechtsdisziplin zu beschreiben[113]. Für die vorliegende Untersuchung ist die Feststellung ausreichend, daß das Steuerrecht in seinem Kern auch heute noch als Teilgebiet des Verwaltungsrechts[114] verstanden wird und daß auch dort hinsichtlich des Funktionszusammenhanges von Verwaltungsverfahren und gerichtlichem Rechtsschutz in etwa die gleichen Probleme auftauchen.

Allerdings war für den Bereich des Steuerrechts im Gegensatz zum allgemeinen Verwaltungsrecht nie ernsthaft umstritten, daß die Steuerbehörden im Interesse einer geordneten Sachaufklärung und zur Wahrung der Gleichmäßigkeit der Besteuerung ein kodifiziertes Verfahrensrecht benötigen[115].

So hatte sich bereits die von *E. Becker* vor gut fünfzig Jahren geschaffene Reichsabgabenordnung von 1919 zum Ziel gesetzt, neben den Grundsätzen des allgemeinen Steuerrechts auch das Recht des Besteuerungsverfahrens zu regeln und beide Rechtsbereiche in einem Gesetz zusammenzufassen[116].

Es war dafür die schon frühzeitig gewonnene Erkenntnis maßgebend, daß ein wesentlicher Schutz des Steuerschuldners in der Geordnetheit

---

vorgeschlagen, das in der Konzentrationsnovelle vorgesehene Vorabverfahren auf alle Fälle auszudehnen, in denen Verwaltungsverfahren vor den Kartellbehörden überhaupt in Betracht kommen. Dadurch werde nur eine ohnehin bereits geübte Verfahrenspraxis des Bundeskartellamts legalisiert. Auf diese Weise könnten sich die Unternehmen von vornherein bei ihren unternehmerischen Planungen auf die behördlichen Entschließungen einrichten. Zum Problem der Vorverhandlungen zwischen der Kartellbehörde und den betroffenen Unternehmen und den dagegen bestehenden Bedenken siehe auch *F. Rittner*, Die Rechtssicherheit im Kartellrecht, WuW 1969, S. 65 ff. (S. 74 f.).

[113] Vgl. dazu besonders *H. Paulick*, Lehrbuch des allgemeinen Steuerrechts, Köln—Berlin—Bonn—München 1971, Rdnr. 6—16.
[114] Vgl. u. a. *H. W. Kruse*, Steuerrecht I, Allgemeiner Teil, 3. Aufl., München 1973, S. 3; *K. Tipke/H. W. Kruse*, Reichsabgabenordnung, 5. Aufl., Köln—Marienburg 1972, Einführung (S. XXIX); *K. Vogel*, Verwaltungsrecht und allgemeines Abgabenrecht, DVBl. 1962, S. 435 ff. (S. 436); *W. Hartz*, Steuerrecht und allgemeines Verwaltungsrecht, in: Staatsbürger und Staatsgewalt, Bd. 1, Karlsruhe 1963, S. 239.
[115] Vgl. besonders *K. Tipke*, Steuerliche Betriebsprüfung im Rechtsstaat, München 1968, S. 13, 27, 28.
[116] Vgl. *H. Paulick*, Lehrbuch des allgemeinen Steuerrechts, 1971, Rdnr. 27.

des Steuerverfahrens liege[117] und daß ein gerichtliches Verfahren auf keinen Fall ein Äquivalent für einen mangelhaften oder gar völlig fehlenden Rechtsschutz im Verwaltungsverfahren darstellen könne[118]. Der gerichtliche Rechtsschutz kann immer nur ein repressives Mittel sein. Primär läßt sich die Rechtsstaatlichkeit der Steuerverwaltung nur durch ein gesetzlich geordnetes Verwaltungsverfahren erzielen. Diese Gesichtspunkte hat man bis in die Reformüberlegungen unserer Zeit nie völlig aus den Augen verloren.

Es ist in der Vergangenheit stets als eine der wichtigsten Aufgaben des Steuerrechts angesehen worden, die Vorschriften über das Besteuerungsverfahren ständig zu verbessern[119] und die Rechte der Steuerpflichtigen und der Finanzverwaltung, vor allem auch bei Betriebsprüfungen, gesetzlich näher abzugrenzen[120]. Der jetzt vorliegende Entwurf einer Abgabenordnung (AO 1974) vom 25. 1. 1973[121] ist von dem Bemühen gekennzeichnet, dieser allseits erhobenen Forderung nach Möglichkeit Rechnung zu tragen. Er will wieder wie die alte Reichsabgabenordnung das allgemeine Steuerrecht und das Steuerverfahren in einem Mantelgesetz regeln[122], und er unternimmt u. a. den Versuch, die Vorschriften über das Besteuerungsverfahren neu und besser zu

---

[117] Vgl. dazu aus der Vergangenheit besonders *A. Hensel*, Steuerrecht, 3. Aufl., Berlin 1933, S. 167. Heute vor allem *H. W. Kruse*, Steuerrecht, 3. Aufl., München 1973, S. 293, der sich die Meinung *Hensels* zu eigen macht.
[118] Vgl. dazu besonders *K. Tipke*, Steuerliche Betriebsprüfung im Rechtsstaat, München 1968, S. 13/14. *K. Tipke*, S. 14 beschreibt dort eindringlich die Gefahren, die bei einem Verzicht auf ein gesetzlich geordnetes Verwaltungsverfahren allein wegen der Möglichkeit gerichtlichen Rechtsschutzes bestehen: Mängel der Sachaufklärung durch die Behörden können durch die Gerichte nur sehr begrenzt ausgeglichen werden. Die Verantwortung für die Kontrolle der Verwaltung wird dem Staatsbürger überlassen. Das Vertrauen zur Verwaltung wird erschüttert. Die Gerichte werden überlastet. Die Prozeßdauer wird immer länger und grenzt an Justizverweigerung.
[119] Vgl. dazu *H. Paulick*, Lehrbuch des allgemeinen Steuerrechts, Köln—Berlin—Bonn—München 1971, Rdnr. 28.
[120] Der Deutsche Bundestag hat im Anschluß an eine Entschließung des Finanzausschusses vom 20. 2. 1963 (BT-Drucksache IV/1005) die Bundesregierung ersucht, besonders die Vorschriften über das Besteuerungsverfahren zu reformieren und verlangt, daß „die Rechte der Steuerpflichtigen und der Finanzverwaltung, vor allem auch bei Betriebsprüfungen, näher abzugrenzen sind" (Zur Entwicklung im einzelnen: *K. Tipke*, Steuerliche Betriebsprüfung, S. 3 f.).
[121] Gesetzentwurf der Fraktionen der SPD und FDP = BT-Drucksache 7/79. Dieser Initiativgesetzentwurf stimmt wörtlich mit dem Regierungsentwurf, den die Bundesregierung in der 6. Wahlperiode vorgelegt hatte, überein. Vgl. Entwurf einer Abgabenordnung (AO 1974), Bundesratsdrucksache 23/71. Vgl. dazu auch: *G. Loose*, Der Entwurf der neuen Abgabenordnung, DStZ 1971, S. 169 ff. Zur Kritik siehe *K. Tipke*, Systematisierung des allgemeinen Steuerrechts, Steuer und Wirtschaft 1971, S. 95 ff.
[122] Vgl. BT-Drucksache 7/79 unter B. Ebenso Bundesratsdrucksache 23/71, Begründung des Entwurfs unter A, III.

gestalten. Im einzelnen hat der Entwurf der neuen AO vielfältige Berührungspunkte mit dem Entwurf des allgemeinen Verwaltungsverfahrensgesetzes, ja er ist diesem Entwurf im Interesse der Vereinheitlichung des Verwaltungsrechts bewußt angeglichen worden, soweit nicht Abweichungen wegen der Besonderheiten des Besteuerungsverfahrens als eines Massenverfahrens aus der Natur der Sache geboten waren[123]. Es läßt sich also auch für das Steuerrecht die Feststellung treffen, daß bei der Suche nach neuen Lösungen in erster Linie an eine Verbesserung und an einen Ausbau des Verwaltungsverfahrens gedacht wird.

Die Suche nach verfahrensmäßigen Lösungen erscheint verständlich, wenn man sich vergegenwärtigt, daß die Beteiligten keineswegs alle steuerrechtlichen Meinungsverschiedenheiten vor den Finanzgerichten auszutragen pflegen[124]. Die Erfahrung lehrt, daß sowohl auf Seiten des Steuerschuldners als auch auf Seiten der Finanzverwaltung, besonders in Angelegenheiten mit erheblichen finanziellen Auswirkungen, häufig wenig Neigung besteht, den Gerichtsweg zu beschreiten. Das Arrangement[125], die „gütliche" Einigung, erhält den Vorzug vor dem Steuerprozeß. Überhaupt lassen sich wohl in kaum einem anderen Bereich des besonderen Verwaltungsrechts so viele Formen einverständlichen Handelns zwischen Bürger und Verwaltung — W. *Schick*[126] spricht in diesem Zusammenhang vorsichtig von „zweiseitigen Akten" — antreffen wie gerade im Steuerrecht.

Ein typisches Beispiel, wenn nicht sogar das typische Beispiel schlechthin für ein solches Arrangement zwischen Steuerschuldner und Finanzverwaltung[127], ist die Schlußbesprechung nach der Betriebsprüfung[128].

---

[123] Vgl. Bundesratsdrucksache 23/71. Begründung des Entwurfs unter A, III, 3. Dazu auch: G. *Loose*, Der Entwurf der neuen Abgabenordnung, DStZ 1971, S. 169.

[124] Vgl. hierzu und zum folgenden besonders H. W. *Kruse*, Steuerrecht, S. 298.

[125] Dieser Ausdruck ist von E. *Forsthoff*, Lehrbuch des Verwaltungsrechts, 9. Aufl., München u. Berlin 1966, S. 71 geprägt worden. H. W. *Kruse*, S. 298 hat ihn für den Bereich des Steuerrechts übernommen.

[126] W. *Schick*, Vergleiche und sonstige Vereinbarungen zwischen Staat und Bürger im Steuerrecht, München 1967, S. 8 f.

[127] Vgl. H. W. *Kruse*, Steuerrecht, S. 298.

[128] Die Betriebsprüfung, im Entwurf der neuen AO „Außenprüfung" genannt, ist in der gegenwärtigen Abgabenordnung nur unvollständig und unzusammenhängend gesetzlich geregelt. Die als bloße Verwaltungsvorschrift erlassene Betriebsprüfungsordnung vom 23. Dezember 1965 (Bundesanzeiger Nr. 245 vom 30. Dezember 1965) kann diesen Mangel nicht beheben. Da der gegenwärtige Rechtszustand im krassen Gegensatz zu der heutigen Bedeutung der Betriebsprüfung steht, ist eine eingehende gesetzliche Regelung, wie sie der Entwurf der AO 1974 in §§ 174 ff. vorsieht, dringend erforderlich. Vgl. dazu u. a. die Begründung zum Entwurf der AO 1974, Vierter Abschnitt

Zweck der Schlußbesprechung ist es, dem Steuerpflichtigen noch vor Fertigstellung des abschließenden Prüfungsberichtes ausreichendes rechtliches Gehör zu gewähren und über offene Streitpunkte tatsächlicher oder rechtlicher Art Übereinstimmung oder wenigstens Annäherung zu erzielen, um den Prüfungsfall nach Möglichkeit ohne eine Inanspruchnahme der Finanzgerichte abschließen zu können[129]. Der Sache nach werden in einer solchen Schlußbesprechung Kompromisse ausgehandelt, die zwar rechtlich nicht verbindlich, die aber regelmäßig für die Beteiligten faktisch maßgebend sind[130] und durch die kostspielige und zeitraubende Prozesse vermieden werden. Es ist eine Aufgabe des Steuerrechts, für solche Verfahren einverständlichen Zusammenwirkens zwischen Bürger und Verwaltung, die in der Wirklichkeit so oder so praktiziert werden und für die offenbar ein tatsächliches Bedürfnis besteht, auch angemessene rechtliche Formen bereitzustellen, damit sie auf diese Weise aus dem rechtsstaatlich bedenklichen „Halbdunkel"[131] befreit werden.

Allerdings muß dann auch im Steuerrecht wie in den meisten übrigen Bereichen des hochkomplizierten besonderen Verwaltungsrechts die Frage gestellt werden, welche Konsequenzen sich aus einem durch eine verstärkte Anhörung und Beteiligung des Bürgers gekennzeichneten Verwaltungsverfahren für die nachträgliche gerichtliche Kontrolle ergeben.

Vor §§ 174 ff. (Bundesratsdrucksache 23/71) und bereits früher den Bericht des Arbeitskreises über die Reform der RAO und ihrer Nebengesetze über seine Tätigkeit, Reform der Reichsabgabenordnung (Schriftenreihe des Bundesministers der Finanzen Heft 13), Bonn 1970, Vor §§ 134 ff. (Außenprüfung).

[129] Vgl. dazu § 182 AO 1974 nebst Begründung. Außerdem u. a.: *K. Tipke*, Steuerliche Betriebsprüfung im Rechtsstaat, München 1968, S. 114, 115; *J. Schröder/W. Dehlney*, Betriebsprüfungsordnung (Steuer), Berlin 1970, Anm. 2 zu § 14 BpO; *H. Lohmeyer*, Die Schlußbesprechung bei der Betriebsprüfung, Der Steuerberater, 1972, S. 24 ff.

[130] Vgl. *H. W. Kruse*, Steuerrecht, S. 267, 298 und *H. Paulick*, Lehrbuch des allgemeinen Steuerrechts, Rdnr. 1006, jeweils m. w. N. über den Streitstand in Literatur und Rspr. Aus der Rspr. vgl. besonders BFH 80/257 (263).

[131] Vgl. dazu besonders *W. Schick*, Vergleiche und sonstige Vereinbarungen zwischen Staat und Bürger im Steuerrecht, München 1967, S. 9. Es ist deshalb anerkennenswert, daß der Entwurf die Außenprüfung im einzelnen gesetzlich regeln will (§§ 174 ff. AO 1974) und daß er auch Formen für eine rechtlich verbindliche Zusage vorsieht (§§ 185 ff. AO 1974).

VI. Leitprinzipien für eine Theorie des funktionalen Zusammenhanges von Verwaltungsverfahrensrecht und Verwaltungsgerichtsbarkeit

Damit hat auch die Bestandsaufnahme der Kritik am gegenwärtigen deutschen Rechtsschutzsystem die Notwendigkeit einer Theorie des funktionalen Zusammenhanges von Verwaltungsverfahrensrecht und Verwaltungsgerichtsbarkeit offenbart.

1. Eine rechtsstaatliche Verwaltungskontrolle darf sich nicht allein an dem Leitbild eines stetigen Ausbaues und einer gleichsam unaufhaltsamen Perfektionierung des gerichtlichen Rechtsschutzes orientieren. Es bedeutet einen Verkürzung der Prinzipien des Rechtsstaates, wenn das Verwaltungsverfahren und seine rechtlichen Garantien außer Betracht gelassen werden[132]. Das heißt allerdings nicht, daß an der „säkularen" Entscheidung zugunsten der gerichtlichen Kontrolle der Verwaltung[133] und des von unabhängigen Verwaltungsgerichten gegen die Exekutive gewährten Schutzes zukünftig gerüttelt werden sollte. Der Rechtsstaat verlangt aber beides, sowohl die gerichtliche Kontrolle als auch den im Gange der Verwaltung selbst liegenden Schutz[134]. Im Rahmen eines „differenzierten Gesamtrechtsschutzsystems"[135] haben beide ihren Platz und müssen einander zugeordnet werden.

2. Dies gilt um so mehr, als das Verwaltungsverfahren heute Anforderungen erfüllen muß, die im gerichtlichen Verfahren entweder überhaupt nicht oder nur sehr schwer geleistet werden können. Besonders gegenüber den neuartigen Formen lenkenden und gestaltenden Verwaltungshandelns hat sich ein Gerichtsschutzdefizit ergeben. Deshalb mag man das Verwaltungsverfahren nicht ganz zu Unrecht als eine Antwort

---

[132] Siehe oben Fußnote 82.
[133] Siehe vor allem *K. A. Bettermann*, Das Verwaltungsverfahren, VVDtStRL 17 (1959), S. 118 ff. (S. 167). *Bettermann* weist dort darauf hin, daß die Entscheidung für die gerichtliche statt für die demokratische Kontrolle der öffentlichen Verwaltung „säkularer Natur" sei und deshalb nicht beliebig umgestoßen werden könne.
[134] Vgl. besonders *Z. Giacometti*, Allgemeine Lehren des rechtsstaatlichen Verwaltungsrechts, Bd. 1, Zürich 1960, S. 379 FN. 20.
[135] *P. Häberle*, Grundrechte im Leistungsstaat, VVDtStRL 30 (1972), S. 43 ff. (S. 122).

unserer Zeit auf festgestellte Unzulänglichkeiten des gerichtlichen Verfahrens bezeichnen[136].

3. Eine moderne Verwaltungsrechtsdogmatik verlangt dementsprechend eine Verlagerung des rechtswissenschaftlichen Interesses von der „Momentaufnahme" des Verwaltungsaktes zum administrativen Entscheidungsprozeß, zur Organisation und zum Verfahren staatlicher Verwaltung[137]. Der lange Zeit für problemlos gehaltene Begriff der (Verwaltungs-)Entscheidung[138] wird erst hinreichend verständlich, wenn man ihn als das Ergebnis eines Entscheidungs*prozesses* („Decision Making Process") begreift[139]. Die Ausgestaltung dieses Entscheidungsprozesses ist eine der Bedingungen der Entscheidung selbst[140].

4. Unter den rechtlichen Garantien des Verwaltungsverfahrens nimmt der Anspruch auf rechtliches Gehör einen bevorzugten Platz ein, ja er wird als Kernstück eines geordneten Verwaltungsverfahrens im Rechtsstaat angesehen[141]. Der Bürger verlangt heute nicht mehr allein eine Kontrolle der bereits fertigen Verwaltungsentscheidung, sondern er will bereits auf deren Formulierung Einfluß nehmen. Die Verwirklichung des Prinzips des „Audi alteram partem" gegenüber der *Verwaltung* ist vielleicht eine der wichtigsten Herausforderungen an den

---

[136] Vgl. in diesem Zusammenhang vor allem *F. Kopp*, Verfassungsrecht und Verwaltungsverfahrensrecht, München 1971, S. 152, der im Anschluß an *J. M. Landis* feststellt, das Verwaltungsverfahren sei „letztlich eine Antwort unserer Zeit auf die Unzulänglichkeiten des gerichtlichen und legislativen Verfahrens".

[137] Siehe *O. Bachof*, Die Dogmatik des Verwaltungsrechts vor den Gegenwartsaufgaben der Verwaltung, VVDStRL 30 (1972), S. 193 ff. (S. 231). Ebenso *W. Brohm*, ebd., S. 254 f., 261 f. Diese Forderung ist in der Aussprache auf der Staatsrechtslehrertagung 1971 wohl allgemein akzeptiert worden. Vgl. besonders die Diskussionsbeiträge von *H. P. Ipsen*, (S. 314/315), *M. Bullinger* (S. 337) und *J. A. Frowein* (S. 351).

[138] Vgl. vor allem *W. Bückmann*, Verfassungsfragen bei den Reformen im örtlichen Bereich, Berlin 1972, S. 152 m. w. N.

[139] Zur Notwendigkeit einer Übertragung der allgemeinen Entscheidungstheorie auf die öffentliche Verwaltung vgl. u. a. *J. H. Kaiser*, Crisis Management, in: Planung V (Hrsg. H. Coing und J. H. Kaiser), Baden-Baden 1971, S. 347. Zur Verwaltungsentscheidung als Ergebnis eines Informationsverarbeitungsprozesses vgl. besonders *A. Görlitz*, Politische Funktionen der Lehre vom Verwaltungsakt, PVS 1971, S. 71 ff. (S. 85).

[140] Vgl. statt vieler *B.-O. Bryde*, Zentrale wirtschaftspolitische Beratungsgremien in der Parlamentarischen Verfassungsordnung, Frankfurt a. M. 1972, S. 52 mit Nachweisen aus den amerikanischen organisationswissenschaftlichen Literatur. Eine in diesem Zusammenhang interessante Parallelerscheinung im Zivilrecht findet sich in der Arbeit von *M. Wolf*, Rechtsgeschäftliche Entscheidungsfreiheit und vertraglicher Interessenausgleich, Tübingen 1970. *M. Wolf* will Vertragsfreiheit und Vertragsgerechtigkeit durch eine Kontrolle der Voraussetzungen des vertraglichen *Einigungsprozesses* in Einklang bringen (S. 61).

[141] Vgl. besonders *Z. Giacometti*, Allgemeine Lehren des rechtsstaatlichen Verwaltungsrechts, Bd. 1, Zürich 1960, S. 380.

Juristen der Gegenwart[142]. Die Bedingungen und die einzelnen Ausgestaltungsformen dieses zentralen Erfordernisses eines rechtsstaatlichen Verwaltungsverfahrens haben noch keine abschließende, befriedigende Klärung gefunden.

5. Eine Hinwendung zum Verwaltungsverfahren kann nicht von vornherein mit dem Hinweis abgetan werden, dies bedeute eine Schwergewichtsverlagerung und würde einen Bruch im bisherigen Rechtsschutzsystem zur Folge haben. Es ist durchaus einzusehen, wenn auch im Bereich der Verwaltungsrechtsdogmatik für eine evolutionäre, kontinuierliche Fortentwicklung anstelle von Brüchen und Diskontinuität plädiert wird[143]. Nur zeichnet sich gegenwärtig, von der Dogmatik bislang kaum beachtet, auch im deutschen Verwaltungsrecht ein Wandel ab, der eine verstärkte Einschaltung und Anhörung des Bürgers bereits im administrativen Verfahren erkennbar werden läßt. Das Städtebauförderungsgesetz[144] ist dafür wohl das treffendste und instruktivste Beispiel. Es sieht im Vergleich zu früheren gesetzlichen Regelungen — etwa dem Bundesbaugesetz[145] — im Bereich der Sozial-

---

[142] Siehe dazu vor allem *M. Waline*, Le principe «Audi alteram partem», in: Le Conseil d'Etat du Grand-Duché de Luxembourg, Livre jubilaire, Luxembourg 1957, S. 495 ff. (S. 496). *Waline* beschreibt dort sehr eingehend, wie sich das Prinzip des „Audi alteram partem" gegenüber der Verwaltung im französischen Recht entwickelt hat und stellt einen interessanten Vergleich zwischen der Rechtslage in den Vereinigten Staaten und in Frankreich an. (S. 496 ff.)

[143] Vgl. besonders *K. Redeker*, Sozialstaatliche Gestaltung und rechtsstaatliche Bindung, DVBl. 1971, S. 369 ff. (S. 372 Fußn. 26) unter dem Eindruck der Studie *M. Krieles*, Die Herausforderung des Verfassungsstaates, Neuwied und Berlin 1970, S. 18 ff. Ebenso *H. P. Ipsen*, 50 Jahre deutsche Staatsrechtswissenschaft im Spiegel der Verhandlungen der Vereinigung der Deutschen Staatsrechtslehrer (II), AöR 97 (1972), S. 375 ff. (S. 414).

[144] StBFG v. 27. 7. 1971 = BGBl. I, S. 1125. Das Städtebauförderungsgesetz sieht in den §§ 1 IV, 4, 8 und 9 umfassende Anhörungs- und Beteiligungsgarantien vor. Nach der Konzeption des Gesetzes soll damit dem Prinzip der Demokratisierung des Verwaltungshandelns Rechnung getragen werden. Vgl. den Schriftlichen Bericht des Ausschusses für Städtebau- und Wohnungswesen zu BT-Drucksache VI 2204, Zu § 1, S. 3. Nachweis bei *H. Dieterich/Ch. Farenholtz*, Städtebauförderungsgesetz für die Praxis, Stuttgart 1972, S. 36. Vgl. dazu ebenfalls: *W. Gehrmann*, Städtebauförderungsgesetz, Gütersloh 1971, zu § 1 Abs. 4 und *E. Hein*, Kommentar zum Städtebauförderungsgesetz, Göttingen 1971, S. 25.

[145] BBauG v. 23. 6. 1960 = BGBl. I S. 341. Im Bebauungsplanverfahren nach dem BBauG können „Bedenken und Anregungen" grundsätzlich erst nach der Offenlegung des fertigen Planes geltend gemacht werden (§ 2 Abs. 6 BBauG). Zu den Unterschieden zwischen StBFG und BBauG hinsichtlich der Anhörungs- und Beteiligungsformen vgl. besonders *L. Baumeister/H. H. Baumeister*, Städtebauförderungsgesetz, Münster 1971, § 9 Anm. 5; *E. Kube*, Zur Notwendigkeit der Demokratisierung der Bebauungsplanung im ländlichen Bereich, DÖV 1972, S. 118 ff. (S. 121); *R. Stich*, Die Mitwirkung des Bürgers und der Öffentlichkeit an der Raumplanung, in: Demokratie und Verwaltung (Schriftenreihe der Hochschule Speyer Bd. 50), Berlin 1972, S. 355 ff. (S. 365 f.).

VI. Leitprinzipien für die juristische Theorie 47

planung viel weiterreichende, zeitlich vorverlagerte und „dynamische" Anhörungs- und Beteiligungsformen der Betroffenen vor[146]. Es scheint für die Prophezeiung nicht zu früh zu sein, daß dieses Gesetz mit seinem verfahrensrechtlichen Instrumentarium für das künftige Verwaltungsrecht nicht nur im Bereich der städtebaulichen Planung Schrittmacherdienste leisten wird[147].

6. Eine solche Rechtsentwicklung ist nicht nur dadurch geprägt, daß sie dem Bürger neue Chancen der Partizipation[148] eröffnen will, wobei allerdings zweifelhaft bleibt, ob sie sich als rechtliches Postulat mit dem Demokratieprinzip des Grundgesetzes hinreichend begründen lassen[149]. Es steht dahinter mindestens ebenso sehr die vor allem von *Bertrand de Jouvenel*[150] hervorgehobene Erkenntnis, daß im Staat der

---

[146] Nach dem Ausschußbericht soll etwa der Sozialplan *keinen statischen* Charakter haben, sondern *fortlaufend* mit den Beteiligten erörtert werden. Vgl. *G. Gaentzsch*, Städtebauförderungsgesetz, Göttingen 1971, § 8 Anm. 2; *H. Dyong*, Anwendungsbereich des Städtebauförderungsgesetzes sowie seine bau- und bodenrechtlichen Vorschriften, Bundesbaublatt 1972, S. 171 ff. (S. 172).

[147] Vgl. *W. Bielenberg*, Empfehlen sich weitere bodenrechtliche Vorschriften im städtebaulichen Bereich?, Gutachten für den 49. Dt. Juristentag, in: Verhandlungen des 49. Dt. Juristentags, Bd. I (Gutachten), Teil B, München 1972, B 37. Teilweise ist der Einführung der Sozialplanung sogar „rechtshistorische Bedeutung" zuerkannt worden. So etwa *von der Heide*, Probleme der Städtebauförderung, BauR 1972, S. 76 ff. (S. 80 f.).

[148] Zum Problem der Partizipation siehe besonders die Referate von *R. Walter* und *W. Schmitt/Glaeser* zum Thema „Partizipation an Verwaltungsentscheidungen" auf der Staatsrechtslehrertagung 1927, VVDStRL 31 (1973), S. 147 ff. und S. 179 ff. Vgl. ferner u. a. *P. Dagtoglou*, Partizipation Privater an Verwaltungsentscheidungen, DVBl. 1972, S. 712 ff.; *R. Mayntz*, Funktionen der Beteiligung bei öffentlicher Planung, in: Demokratie und Verwaltung (Schriftenreihe der Hochschule Speyer Bd. 50), Berlin 1972, S. 341 ff.; *W. v. Simson*, Das demokratische Prinzip im Grundgesetz, VVDStRL 29 (1971), S. 3 ff. (S. 37). Zur Partizipation speziell im Städtebau- und Raumordnungsrecht vgl. vor allem die Aufsatzsammlung „Mehr Demokratie im Städtebau" (Hrsg. L. Lauritzen), Hannover 1972.

[149] In der Frage „Demokratieprinzip und administrativer Entscheidungsprozeß" gehen die Auffassungen beträchtlich auseinander. *K. König*, Verwaltungsreform und Demokratiediskussion, in: Demokratie und Verwaltung Schriftenreihe der Hochschule Speyer Bd. 50), Berlin 1972, S. 271 ff. (S. 291) hält die ausstehenden Reformen des Verwaltungsverfahrens auch für ein „demokratisches Defizit administrativen Geschehens". Demgegenüber lassen sich nach Auffassung *W. Geigers* Das Demokratieverständnis des Grundgesetzes, in: Demokratie und Verwaltung, ebd., S. 229 ff. (S. 242) reformerische Veränderungen im administrativen Entscheidungsprozeß mit dem Demokratieprinzip des GG nicht ausreichend begründen. Nach der Meinung von *R. Stich*, Die Mitwirkung des Bürgers und der Öffentlichkeit an der Raumplanung, in: Demokratie und Verwaltung, ebd., S. 355 ff. (S. 369) waren für die Aufnahme von Mitwirkungs- und Anhörungsrechten im Städtebauförderungsgesetz unabhängig von einer solchen prinzipiellen Entscheidung "vor allem sachliche Beweggründe" maßgebend.

[150] Vgl. *B. de Jouvenel*, „Politik und Wirtschaft", in: Die industrielle Gesellschaft und die drei Welten, Das Seminar von Rheinfelden, Zürich 1961,

modernen Industriegesellschaft ganz allgemein politische Probleme häufig nicht mehr gelöst, sondern nur noch geregelt werden können, denn angesichts komplexer Entscheidungsstrukturen und austauschbarer Alternativen kann man sich zwar nicht auf die einzig richtige Lösung, wohl aber auf das einzuhaltende Verfahren einigen. Deswegen wird auch in modernen Entscheidungstheorien der „einzig richtigen" die Kategorie der „brauchbaren Lösung" gegenübergestellt[151].

7. Für die Juristen stellt sich unter diesen Umständen nicht nur das Problem, das jeweilige Verfahren auf seine Struktur, seine Transparenz und Rationalität[152] zu untersuchen, sondern auch die Frage nach dem rechtlichen Zusammenhang eines solchen durch verstärkte Beteiligungs- und Anhörungsgarantien gekennzeichneten Verwaltungsverfahrens mit der nachträglichen gerichtlichen Kontrolle.

8. Insoweit erweist sich eine mehr funktional bestimmte Sichtweise des Rechts[153] als hilfreich. Es wäre eine unzulässige Vereinfachung, wollte man das Verwaltungsverfahren ausschließlich unter dem Aspekt einer Rechtsschutzfunktion[153a] begreifen, die, von verfassungsrechtlichen Schranken abgesehen, ein beliebig austauschbares Verhältnis wechselseitiger Entlastung von Verwaltungsverfahren und Verwaltungsgerichtsbarkeit ermöglichte. Eine Theorie des funktionalen Zusammenhanges von Verwaltungsverfahren und Verwaltungsgerichts-

---

S. 178. Nachweise dieses Zitats bei *A. Morkel*, Über den politischen Stil, PVS 1966, S. 119 ff. (S. 132); *H. J. Konrad*, Parlamentarische Autonomie und Verfassungsbindung im Gesetzgebungsverfahren, DÖV 1971, S. 80 ff. (S. 85); *E. Kube*, DÖV 1972, S. 118 ff. (S. 121). Vgl. auch *B. de Jouvenel*, Die Kunst der Vorausschau, Neuwied und Berlin 1967, S. 270 f.

[151] Vgl. dazu besonders *N. Luhmann*, Theorie der Verwaltungswissenschaft, Köln und Berlin 1966, S. 49; *ders.*, Zweckbegriff und Systemrationalität, Tübingen 1968, S. 73 m. w. N. Zusammenfassend dazu *H. Faber*, Die Verbandsklage im Verwaltungsprozeß, Baden-Baden 1971, S. 62 m. w. N. Auch *F. Naschold*, Systemsteuerung, Stuttgart—Berlin—Köln—Mainz 1969, S. 8 und *B.-O. Bryde*, Zentrale wirtschaftspolitische Beratungsgremien in der Parlamentarischen Verfassungsordnung, Frankfurt a. M. 1972, S. 33 verneinen die Möglichkeit „absolut richtiger Lösungen" für politische Probleme.

[152] Zur Forderung nach Transparenz und Rationalität des Verwaltungsverfahrens vgl. u. a. *A. Rinken*, Das Öffentliche als verfassungstheoretisches Problem, Berlin 1971, S. 278; *K. Grimmer*, Social System-Engineering, DÖV 1971, S. 485 ff. (S. 485); *H. Weichmann*, Planung III, S. 46.

[153] Siehe zu diesem methodischen Ansatz vor allem *M. Bullinger*, Öffentliches Recht und Privatrecht, Stuttgart—Berlin—Köln—Mainz 1968 (besonders das Vorwort und S. 80 f.). Zur funktionell-rechtlichen Betrachtungsweise im Verfassungsrecht vgl. besonders *H. Ehmke*, Prinzipien der Verfassungsinterpretation, VVDtStRL 20 (1963), S. 53 ff. (S. 73); *K. Hesse*, Grundzüge des Verfassungsrechts der Bundesrepublik Deutschland, 6. Aufl., Karlsruhe 1973, S. 32 ff.; *F. Müller*, Juristische Methodik, Berlin 1971, S. 17.

[153a] Zu den anderen wesentlichen Verhaltenszielen für das Verwaltungsverfahren siehe vor allem *E. Kube*, Den Bürger überzeugen, Stuttgart—Berlin—Köln—Mainz 1973, S. 12 ff.

VI. Leitprinzipien für die juristische Theorie

barkeit muß sich vor allem von dem Gedanken einer optimalen Aufgabenverteilung auf die verschiedenen Staatsgewalten und von dem Prinzip der Verantwortung im demokratischen Staat leiten lassen[154].

Schließlich muß jede Verfassungsordnung neben der Regelung der Kontrollmechanismen auch das von *W. v. Simson*[155] so bezeichnete Problem der „Willensverteilung" lösen und damit die jeweilige Verantwortlichkeit festlegen. Kontrolle und Verantwortung stehen in einem gegenseitigen Abhängigkeitsverhältnis und bedingen einander[156]. Dies bedeutet für den engeren Bereich unseres Themas, daß es in erster Linie eine Frage der rechtspolitischen Verteilung und Zuordnung ist[157], welche Aufgaben jeweils vom Verwaltungsverfahren bzw. vom verwaltungsgerichtlichen Verfahren wahrgenommen werden, weil sie im modernen Rechts- und Sozialstaat dort eher oder besser geleistet, verantwortet und kontrolliert werden können[158]. Ohnehin muß jede Lehre vom funktionalen Zusammenhang von Verwaltungsverfahrensrecht und Verwaltungsgerichtsbarkeit ihre wirkliche Bewährungsprobe in der Rechtspraxis bestehen.

Die Theorie muß jedoch vornehmlich darauf achten, daß bei jeder Bestimmung des Verhältnisses von Verwaltungsverfahren und Verwaltungsgerichtsbarkeit der Zusammenhang beider Rechtsgebiete, gemessen an den Leitprinzipien der Verantwortung und der Kontrolle, gewahrt bleibt.

---

[154] Vgl. dazu besonders *E. Becker*, Die vollziehende Gewalt nach der demokratischen Verfassung des Grundgesetzes, in: Demokratie und Verwaltung (Schriftenreihe der Hochschule Speyer Bd. 50), Berlin 1972, S. 497 ff. (S. 498). Dieser Gedanke steht im Einklang mit der übergreifenden Forderung nach einer allgemeinen Funktionenlehre für den freiheitlich-demokratischen Rechtsstaat. Vgl. dazu besonders *N. Achterberg*, Probleme der Funktionenlehre, München 1970, S. 231.

[155] Vgl. *W. v. Simson*, Das demokratische Prinzip im Grundgesetz, VVDtStRL 29 (1971), S. 3 ff. (S. 22 f.).

[156] Vgl. *K. Kröger*, Die Ministerverantwortlichkeit in der Verfassungsordnung der Bundesrepublik, Frankfurt a. M. 1972, S. 4; *K. Hesse*, Die verfassungsrechtliche Stellung der politischen Parteien im modernen Staat, VVDtStRL 17 (1959), S. 11 ff. (S. 42); *U. Scheuner*, Verantwortung und Kontrolle in der demokratischen Verfassungsordnung, Festschrift für G. Müller, Tübingen 1970, S. 379 ff.

[157] Vgl. *C. F. Menger*, Der Staat 1972, S. 257 in der Besprechung der beiden Bände „Verwaltungsverfahrensgesetze des Auslandes" (Herausgegeben von C. H. Ule in Verbindung mit F. Becker und K. König), 1. und 2. Teilbd., Berlin 1967.

[158] Vgl. in diesem Zusammenhang auch *W. Zitscher*, Sozialwissenschaftliche Aspekte einer Reform des Rechts-Stabes, ZRP 1972, S. 89 ff. (S. 90), der unter Berücksichtigung sozial- und organisationswissenschaftlicher Gesichtspunkte die Frage danach stellt, welche Aufgabe der „Rechts-Stab" zu erfüllen habe.

VII. Der von der Verfassung gewährte Spielraum für die Aufgabenverteilung und Aufgabenzuordnung im Verhältnis von Verwaltungsverfahren und Verwaltungsgerichtsbarkeit

1. Die Verwaltungsrechtsdogmatik muß allerdings auch die Frage beantworten, ob, und wenn ja, welche Grenzen sich aus der Verfassung für die gegenwärtig zu beobachtenden Bestrebungen in Richtung auf eine Verlagerung des Rechtsschutzes in das Verwaltungsverfahren ergeben, m. a. W., welchen Spielraum das Grundgesetz überhaupt für die Aufgabenverteilung und Aufgabenzuordnung im Verhältnis von Verwaltungsverfahren und Verwaltungsgerichtsbarkeit beläßt. Insbesondere die zentrale Rechtsweggarantie des Art. 19 IV GG, wonach jedem, der durch die öffentliche Gewalt in seinen Rechten verletzt wird, der Rechtsweg offensteht, könnte sowohl für das geltende als auch für zukünftiges einfaches Recht unüberwindbare Schranken setzen, die in jedem Fall für den funktionalen Zusammenhang von Verwaltungsverfahrensrecht und Verwaltungsgerichtsbarkeit zu beachten wären.

2. Selten sind einer Verfassungsnorm so schmückende Attribute („königlicher Artikel", „Schlußstein" im „Gewölbe des Rechtsstaates", „Krönung des Rechtsstaates")[159] zuerkannt worden wie gerade der Bestimmung des Art. 19 IV GG. Von der im Schrifttum[160] und in der Rechtsprechung[161] ganz herrschenden Meinung wird sie als Garantie eines möglichst lückenlosen, effektiven Rechtsschutzes verstanden, die eine umfassende gerichtliche Nachprüfbarkeit aller Akte der vollziehenden Gewalt sowohl in rechtlicher als auch in tatsächlicher Hinsicht voraussetze[162]. Diese Auslegung hat heute nahezu den Rang eines un-

---

[159] Vgl. etwa die Übersicht über die Laudationes auf Art. 19 IV GG bei *Maunz-Dürig-Herzog*, GG, Art. 19 IV, Rdnr. 1; *v. Mangoldt-Klein*, Das Bonner Grundgesetz, Art. 19, Anm. VII vor 1; *H. U. Evers*, Zur Unantastbarkeit des Prinzips möglichst lückenlosen Rechtsschutzes, Art. 19 IV, 79 III GG, in: *Dürig-Evers*, Zur verfassungsändernden Beschränkung des Post-, Telefon- und Fernmeldegeheimnisses, Bad Homburg v. d. H. 1969, S. 28 ff. (S. 67 f.). Zur Auslegung des Art. 19 IV GG in der geltenden Verfassungs- und Grundrechtsordnung siehe zuletzt *H. Bauer*, Gerichtsschutz als Verfassungsgarantie, Berlin 1973.
[160] Vgl. aus der umfangreichen Literatur zuletzt *W. Dütz*, Rechtsstaatlicher Gerichtsschutz im Privatrecht, Berlin—Zürich 1970, S. 104 ff. u. *H. U. Evers*, S. 59. Siehe dazu auch die Nachweise bei *G. Oettl*, Grenzen der Gerichtsbarkeit im sozialen Rechtsstaat, Berlin 1971, S. 7.
[161] Vgl. u. a. BVerfGE 13/153 (161).
[162] Vgl. zur umfassenden Nachprüfbarkeit in rechtlicher und tatsächlicher

VII. Verfassungsrechtliche Grenzen

umstößlichen „Dogmas" erlangt und bestimmt letztlich die verfassungsrechtliche Beurteilung des Verhältnisses von Verwaltung und Gerichtsbarkeit im System der Gewaltenteilung überhaupt[163]. Besonders der Vorbehalt zugunsten einer umfassenden richterlichen Nachprüfbarkeit aller Verwaltungsentscheidungen in rechtlicher und tatsächlicher Hinsicht läßt für eine funktionale Aufgabenverteilung zwischen Verwaltungsverfahren und verwaltungsgerichtlichem Rechtsschutz und damit für differenzierende Lösungen rechtsstaatlicher Verwaltungskontrolle praktisch keinen Raum.

3. Es mehren sich allerdings in der letzten Zeit kritische Stimmen, die den Ansatz der herrschenden Meinung in Zweifel ziehen und eine Neubesinnung über die Interpretation dieser Grundgesetzbestimmung fordern, die nicht zu Unrecht als die „vielleicht folgenschwerste Verfassungsentscheidung in der Geschichte des modernen deutschen Verwaltungsrechts überhaupt"[164] bezeichnet worden ist.

Im Verein der Kritiker hat sich vor allem *H. Ehmke*[165] — wiederholt vorgebrachte Argumente *U. Scheuners*[166] aufgreifend — gegen eine solche extensive Auslegung des Art. 19 IV GG im Sinn eines lückenlosen Rechtsschutzsystems und einer vollen gerichtlichen Nachprüfung der Gesetzesanwendung der Verwaltung gewandt. Die Verfassung garantiere beides, sowohl die Handlungsfähigkeit der Exekutive als auch

---

Hinsicht u. a. BVerfGE 15/275 (Leitsatz); BVerfGE 18/203 (212); BVerfGE 27/36 (43); BVerfGE 28/10 (Leitsatz).

[163] Vgl. dazu besonders *E. Forsthoff*, Lehrbuch des Verwaltungsrechts, 1. Bd., Allgemeiner Teil, 9. Aufl., München und Berlin 1966, S. 76 f.

[164] So *K. Zeidler*, Einige Bemerkungen zum Verwaltungsrecht und zur Verwaltung in der Bundesrepublik seit dem Grundgesetz, Der Staat Bd. 1 (1962), S. 321 ff. (S. 322). Zustimmend *F. Ossenbühl*, Verwaltungsrecht im sozialen Rechtsstaat, SKV 1971, S. 57 ff. (S. 60).

[165] Vgl. *H. Ehmke*, „Ermessen" und „unbestimmter Rechtsbegriff" im Verwaltungsrecht, Tübingen 1960, S. 49—51. Ebenso *G. Oettl*, Grenzen der Gerichtsbarkeit im sozialen Rechtsstaat, Berlin 1971, S. 84 ff.; *P. Häberle*, Öffentliches Interesse als juristisches Problem, Bad Homburg v. d. H. 1970, S. 662; *R. Geitmann*, Bundesverfassungsgericht und „offene" Normen, Berlin 1971, S. 105 f.; *K. Redeker*, Fragen der Kontrolldichte verwaltungsgerichtlicher Rechtsprechung, DÖV 1971, S. 757 ff. (S. 758, 762); *H. C. Fickert*, Umfang des Planungsermessens bei der bundesfernstraßenrechtlichen Planfeststellung — Ein Beitrag zur Bestandsaufnahme und zur Frage der verwaltungsgerichtlichen Überprüfbarkeit, BauR 1971, S. 1 ff. (S. 6). Gegen eine solche extensive Auslegung und für eine weise richterliche Selbstbeschränkung u. a. auch *H. Krüger*, Die verfassungsgerichtliche Beurteilung wirtschaftspolitischer Entscheidungen, DÖV 1971, S. 289 ff. (S. 289); *H. Spanner*, Zur Verfassungskontrolle wirtschaftspolitischer Gesetze, DÖV 1972, S. 217 ff. (S. 219 f.); *F. Ossenbühl*, Zur Renaissance der administrativen Beurteilungsermächtigung, DÖV 1972, S. 401 ff. (S. 402).

[166] Vgl. u. a. *U. Scheuner*, Grundrechtsinterpretation und Wirtschaftsordnung, DÖV 1956, S. 65 ff. (S. 66); *ders.*, VVDtStRL 17, S. 238 f. (Diskussionsbeitrag).

deren rechtsstaatliche Bindung. Im ganzen gesehen fordere das Grundgesetz *nicht ein verwaltungsgerichtliches Maximum, sondern ein rechtsstaatliches Optimum an Verwaltungskontrolle*, das unter Umständen in viel stärkerem Maße durch ein mit rechtsstaatlichen Sicherungen versehenes Verwaltungsverfahren als durch die nachträgliche gerichtliche Kontrolle erreicht werden könne.

4. Diese beiden Auffassungen stehen sich heute scheinbar unversöhnlich einander gegenüber[167]. Es soll hier nicht der Versuch unternommen werden, sich von vornherein auf die eine oder andere Seite der streitenden Parteien zu schlagen. In jedem Fall bedarf es einer eingehenden Analyse der verfassungsrechtlichen Lage. Dies schon deshalb, weil die juristische Diskussion bereits dann vorangetrieben wird, wenn an einem vermeintlich unumstößlichen „Dogma" gerüttelt und es einer kritischen Überprüfung unterzogen wird.

5. Erste Zweifel an der Garantie eines möglichst umfassenden gerichtlichen Rechtsschutzes stellen sich ein, wenn man die verfassungsgerichtliche Rechtsprechung zu diesem Artikel insgesamt überblickt[168]. Die Mehrzahl der Entscheidungen des BVerfG sagt gerade nicht, was die Norm an Rechtsschutzgarantien alles gewährt, sondern stellt im Gegenteil klar, was sie *nicht* beinhaltet, *nicht* verlangt und *nicht* gebietet[169], wie sich überhaupt bei näherem Zusehen ergibt, daß die Zahl derjenigen Hoheitsakte, die sich einer gerichtlichen Kontrolle entziehen, nicht unerheblich ist[170]. Außerdem kann man sich seit dem „Abhör-Urteil"[171], wenn es auch dort um die Grenzen zulässiger Verfassungsänderung ging, auf das BVerfG nicht mehr ohne weiteres als Verfechter einer lückenlosen *Gerichts*kontrolle berufen.

---

[167] Zu den heute vertretenen Auffassungen siehe besonders *G. Oettl*, S. 84 f. m. w. N. Grundlegende Kritik an der Auffassung *H. Ehmkes* in der Besprechung von *D. Jesch*, AöR 86 (1961), S. 491 ff. (S. 495). Kritik aus der letzten Zeit u. a. bei *F. Kopp*, Verfassungsrecht und Verwaltungsverfahrensrecht, München 1971, S. 149 f. und *H. Kellner*, Neue Erkenntnisse zum sogenannten Beurteilungsspielraum?, DÖV 1972, S. 801 ff. (S. 807).

[168] Vgl. dazu den Rechtsprechungsbericht von *K. A. Bettermann*, Die Rechtsweggarantie des Art. 19 Abs. 4 GG in der Rechtsprechung des Bundesverfassungsgerichts, AöR 96 (1971), S. 528 ff.

[169] Vgl. dazu *K. A. Bettermann*, Rechtsweggarantie, S. 529.

[170] Etwa angefangen von den Gnadenentscheidungen bis hin zu den sog. Regierungsakten. Vgl. dazu *G. Oettl*, Grenzen der Gerichtsbarkeit im sozialen Rechtsstaat, S. 8. Siehe auch *H. U. Evers*, Unantastbarkeit des lückenlosen Rechtsschutzes, S. 61. Zum Problem der „gerichtsfreien Hoheitsakte" vgl. grundlegend *H. Schneider*, Gerichtsfreie Hoheitsakte, Tübingen 1951 und *W. Seuffert*, Über gerichtsfreie Akte und die Grenzen des Rechts, in: Festschrift für G. Müller, Tübingen 1970, S. 491 ff.

[171] Vgl. BVerfGE 30, S. 1. *H. Bethge*, Die Kompetenzabgrenzung zwischen Bundes- und Landesverfassungsgerichtsbarkeit bei der kommunalen Verfas-

VII. Verfassungsrechtliche Grenzen

Auch die gegensätzlichen Charakteristika, mit denen die geltende Verfassungsordnung bedacht wird, einerseits: der Staat unserer Zeit sei nicht Gesetzes- und Justizstaat, sondern Verwaltungsstaat[172], andererseits: der Staat des Grundgesetzes sei in der Tat ein Richter- oder ein Rechtswegestaat[173], helfen in unserem Zusammenhang nicht weiter.

6. Aus der *Entstehungsgeschichte* des Grundgesetzes läßt sich jedenfalls eine Auslegung des Art. 19 IV GG dahin, daß er ein System möglichst lückenlosen Gerichtsschutzes gewährleiste, nicht rechtfertigen[174]. Im übrigen muß es zu denken geben[175], daß *F. Klein*[176], auf den sich höchstrichterliche Gerichtsentscheidungen[177] und maßgebliche Stimmen in der juristischen Literatur[178] später wie selbstverständlich berufen haben, es in seinem frühen Referat über die Tragweite des Art. 19 Abs. 4 GG auf der Staatsrechtslehrertagung 1949 ausdrücklich als zweifelhaft bezeichnet hat, ob diese Verfassungsbestimmung auch voraussetze, daß das Gericht den Streit in vollem Umfang nach der tatsächlichen und rechtlichen Seite überprüfen dürfe. Dies ist nur das Ergebnis seiner eigenen „durchgängig rechtsstaatlich-extensiven Auslegung"[179].

7. Auch aus dem Gedanken der Einheit der Verfassung[180] und den damit verbundenen Interpretationsprinzipien des „schonendsten Aus-

---

sungsbeschwerde, DÖV 1972, S. 336 ff. (S. 341) spricht in diesem Zusammenhang davon, daß „die Krone des Rechtsstaates (Art. 19 IV GG)" spätestens seit diesem Urteil „einiges an Glanz verloren" habe.

[172] Vgl. zu der Feststellung, daß der Staat unserer Zeit, ob er will oder nicht, Verwaltungsstaat sei, *W. Weber*, Spannungen und Kräfte im westdeutschen Verfassungssystem, 3. Aufl., Berlin 1970, S. 31.

[173] Vgl. dazu *K. A. Bettermann*, AöR 96 (1971), S. 528.

[174] Vgl. das Jahrbuch des öffentlichen Rechts, N.F. Bd. 1 (1951), S. 183 ff. Dazu auch *G. Oettl*, S. 85. Zum Staatsverständnis des Parlamentarischen Rates bei der Frage, welche Stellung die Rechtsprechung im System der Gewaltenteilung einnehmen solle siehe *V. Otto*, Das Staatsverständnis des Parlamentarischen Rates, Düsseldorf 1971, S. 98.

[175] Siehe zum folgenden auch *H. Hummel*, Gerichtsschutz gegen Prüfungsbewertungen, Berlin 1969, S. 48.

[176] Vgl. *F. Klein*, Tragweite der Generalklausel im Art. 19 Abs. 4 des Bonner Grundgesetzes, VVDtStRL 8 (1950), S. 67 ff. (S. 94).

[177] Siehe in der zeitlichen Reihenfolge wohl zuerst BFH, Urt. v. 25. 11. 1954 = NJW 1955, S. 967 ff. (S. 967/68). Auf dieses Urteil des BFH hat dann später die insoweit wohl grundlegende Entscheidung des BVerfG vom 5. 2. 1963 (E 15, S. 275 ff., S. 282) ihrerseits Bezug genommen. Zu den nur beschränkt verallgemeinerungsfähigen Aussagen dieser Entscheidung siehe vor allem *R. Geitmann*, Bundesverfassungsgericht und „offene" Normen, Berlin 1971, S. 105 FN 55.

[178] Siehe vor allem *G. Dürig* in Maunz-Dürig-Herzog, GG, Art. 19 IV, Rdnr. 47, der sich ausdrücklich auf BFH, NJW 1955, S. 967 ff. und *F. Klein*, aaO., beruft.

[179] Vgl. *F. Klein*, ebd., S. 95.

[180] Vgl. dazu besonders *H. Ehmke*, Prinzipien der Verfassungsinterpretation, VVDtStRL 20 (1963), S. 53 ff. (S. 77 ff.).

gleichs"[181] bzw. der „praktischen Konkordanz"[182] lassen sich gewichtige Bedenken dagegen geltend machen, im Widerstreit zwischen administrativem Gestaltungsauftrag und gerichtlicher Kontrolle die Garantie gerichtlicher Nachprüfung (Art. 19 IV GG) mit absolutem Vorrang auszustatten. Beide Verfassungspostulate müssen vielmehr einander so zugeordnet werden, daß jedes von ihnen Wirksamkeit gewinnt. Eine „Auslegung auf Wirkkraft der Normen" *(R. Thoma)* muß, wenn überhaupt, für jede Norm im Verfassungsrecht gelten[183]. Das Grundgesetz hat zum ersten Mal im deutschen Verfassungsleben die rechtsprechende Gewalt zu einer den anderen staatlichen Gewalten ebenbürtigen Gewalt erhoben. Sie steht aber nicht *über* jenen anderen Staatsgewalten, sondern *neben* der gesetzgebenden Gewalt und *neben* der Regierung und Exekutive, wie es *G. Leibholz* ausgedrückt hat[184].

8. Darüber hinaus lassen sich nicht zuletzt aus den neuen Deutungen des Gewaltenteilungsgrundsatzes auch neue Perspektiven für die Auslegung des Art. 19 IV GG im Gesamtgefüge des Grundgesetzes gewinnen. Ohnehin darf diese Verfassungsnorm nicht isoliert für sich betrachtet, sondern muß im Rahmen einer Gesamtschau des Grundgesetzes interpretiert werden[185]. Während bisher das Gewaltenteilungsprinzip sozusagen ausschließlich negativ als Mittel der Aufteilung und dadurch der Mäßigung der Staatsmacht erklärt worden ist[186], hat demgegenüber besonders *K. Hesse*[187] betont, daß Gegenstand der Gewaltenteilung in erster Linie vielmehr positiv eine Ordnung menschlichen Zusammenlebens sei, die die Kompetenzen der einzelnen Gewalten bestimme und ihre Zusammenarbeit regle. Wenn dementsprechend der Gewaltenteilungsgrundsatz als tragendes Organisationsprinzip der Verfassung vor allem als eine Frage sachgemäßer Bestimmung und Zuordnung der staatlichen Funktionen verstanden wird[188], kann diese Interpretation nicht ohne Einfluß auf das verfassungsrechtliche Verständnis der zentralen Rechtsschutzgarantie im Zusammenspiel der staatlichen Gewalten bleiben.

---

[181] *P. Lerche*, Übermaß und Verfassungsrecht, Köln—Berlin—München—Bonn 1961, S. 125 ff.

[182] *K. Hesse*, Grundzüge des Verfassungsrechts der BRD, 6. Aufl., Karlsruhe 1973, S. 28.

[183] Vgl. dazu zuletzt *W. Leisner*, Effizienz als Rechtsprinzip, Tübingen 1971, S. 12 m. w. N.

[184] Vgl. *G. Leibholz*, Strukturprobleme der modernen Demokratie, 3. Aufl., Karlsruhe 1967, S. 172.

[185] Vgl. vor allem *O. R. Baron von Engelhardt*, Der Rechtsschutz gegen Rechtsnormen, Berlin 1971, S. 124.

[186] Vgl. zuletzt BVerfGE 30, S. 1 ff. (S. 27 f.).

[187] *K. Hesse*, Grundzüge, S. 194 ff.

[188] Vgl. *K. Hesse*, Grundzüge, S. 194 f. Im gleichen Sinne: *N Achterberg*, Probleme der Funktionenlehre, München 1970, passim.

Der Gesichtspunkt funktionaler Aufgabenbewältigung und Aufgabenverteilung im freiheitlich-demokratischen Staat[189] ist bisher auch bei der Auslegung des Art. 19 IV GG zu kurz gekommen. Dort müßte aber eine Interpretation jener Verfassungsbestimmung ansetzen, die nicht von einem übergroßen Mißtrauen[190] gegenüber der im demokratischen Staat an Gesetz und Recht gebundenen Verwaltung geprägt ist.

9. Dieser Gedanke wird aber auch in neueren Untersuchungen nicht hinreichend berücksichtigt. Soweit in letzter Zeit unter dem Eindruck der Mängel und Lücken im gegenwärtigen Verwaltungskontrollsystem neue Lösungen gesucht worden sind, zielen sie im Ergebnis vielfach darauf ab, die bestehenden Mängel einseitig durch einen Ausbau des gerichtlichen Rechtsschutzes zu beheben. So lehnt beispielsweise *H. H. Rupp*[191] die Zubilligung von Ermessensspielräumen an die Verwaltung überhaupt als rechtsstaatswidrig ab. Im Rechtsstaat müsse jede Verwaltungstätigkeit durch den Gesetzgeber hinreichend determiniert sein, und die Einhaltung der gesetzlichen Bindung der Verwaltung sei durch eine umfassende richterliche Nachprüfung sicherzustellen.

Noch einen Schritt weitergehend, will *A. Görlitz*[192] auch die Kontrolle der Zweckmäßigkeit administrativer Entscheidungen dem Richter überantworten. Nach seiner Auffassung ist eine umfassende Justiziabilität des Verwaltungshandelns geboten, denn als Korrelat zur fast totalen Abhängigkeit des Bürgers vom modernen Staat müsse auch eine adäquate totale gerichtliche Kontrolle des Staatsapparates stattfinden[193].

Gegen solche Lösungen bleiben als grundsätzliche Einwände[194], daß sie entweder von einem vorgefaßten abstrakten Rechtsstaatsbegriff

---

[189] Vgl. zur funktionalen Stellung der rechtsprechenden und der vollziehenden Gewalt *K. Grimmer*, Die Rechtsfigur einer „Normativität des Faktischen", Berlin 1971, S. 131 f.; *J. Brüggemann*, Die richterliche Begründungspflicht, Berlin 1971, S. 130 ff.; *J. Berggreen*, Die „dissenting opinion" in der Verwaltung, Berlin 1972, S. 135 ff.; *K. Eichenberger*, Die richterliche Unabhängigkeit als staatsrechtliches Problem, Bern 1960, S. 162 ff. Zur rechtspolitischen Arbeitsteilung zwischen Rechtsprechung und Verwaltung vgl. *G. Ress*, Die Entscheidungsbefugnis in der Verwaltungsgerichtsbarkeit, Wien—New York 1968, S. 249 ff.

[190] Zum Mißtrauen gegenüber der Exekutive vgl. besonders *H. Reuß*, Das Verwaltungsverfahren — psychologisch betrachtet, DÖV 1958, S. 656 ff. (S. 659). Kritik dazu vor allem bei *G. Oettl*, S. 91.

[191] Vgl. *H. H. Rupp*, Grundfragen der heutigen Verwaltungsrechtslehre, Tübingen 1965, S. 117 ff., 177 ff.; ders., Ermessensspielraum und Rechtsstaatlichkeit, NJW 1969, S. 1273 ff.

[192] Vgl. *A. Görlitz*, Verwaltungsgerichtsbarkeit in Deutschland, Neuwied am Rhein und Berlin 1970, bes. S. 260 ff. Vgl. auch seinen Beitrag „Verwaltungsgerichtsbarkeit" im Handlexikon zur Rechtswissenschaft (Hrsg. A. Görlitz), München 1972, S. 513 ff. (S. 516).

[193] *A. Görlitz*, Verwaltungsgerichtsbarkeit in Deutschland, S. 267.

[194] Vgl. zur Kritik an beiden Lösungsansätzen besonders *K. Redeker*, Sozialstaatliche Gestaltung und rechtsstaatliche Bindung, DVBl. 1971, S. 369 ff.

ausgehen oder einen klaren dogmatischen Ansatz vermissen lassen. In jedem Fall lassen sie die Frage offen, woher der Richter in einem System allumfassenden, lückenlosen Rechtsschutzes *die Maßstäbe* nehmen soll, um die Letztverantwortung für seine Entscheidung tragen zu können[195]. Richterliche Tätigkeit ist vornehmlich die Wahrnehmung einer Kontroll-, nicht einer Gestaltungsfunktion. In der funktionalen Aufgabenverteilung und Aufgabenzuordnung zwischen den verschiedenen Staatsgewalten ist der Richter, obwohl er nicht allein auf die Subsumtion unter die bestehenden Rechtsnormen beschränkt ist[196], eher zur Kognition als zur Dezision berufen[197].

10. Alle diese Überlegungen zwingen mindestens dazu, die *Gründe* für die heute herrschende Auslegung des Art. 19 IV GG noch einmal zu überprüfen, eine Forderung, die *E. Steindorff*[198] besonders unter dem Eindruck der amerikanischen und der französischen Verwaltungsrechtsprechung bereits 1954 erhoben hat, und die sich heute nötiger denn je erweist. Die wohl besseren Argumente sprechen dafür, daß diese Verfassungsbestimmung nicht notwendig als Garantie möglichst lückenlosen Rechtsschutzes durch die Gerichte verstanden werden muß[199], der anders nicht zu leisten sei[200]. Diese Bestimmung läßt dem Richter wenigstens prinzipiell die Entscheidung offen[201], daß nach der funktionalen Aufgabenverteilung und Aufgabenzuordnung im Grundgesetz nicht er, sondern ein anderes staatliches Organ — etwa die

---

(S. 371 f.). Ebenso *F. Ossenbühl*, Ermessen, Verwaltungspolitik und unbestimmter Rechtsbegriff, DÖV 1970, S. 84 ff. (S. 85 f.). Speziell zur Problematik solcher deduktiven Ableitungen vgl. *G. Oettl*, S. 86 ff.

[195] *K. Redeker*, Sozialstaatliche Gestaltung und rechtsstaatliche Bindung, DVBl. 1971, S. 371/372.

[196] Vgl. dazu besonders *M. Kriele*, Theorie der Rechtsgewinnung, Berlin 1967, S. 62. Zur politischen Aufgabe des Richters vgl. *K. Redeker*, Bild und Selbstverständnis des Juristen heute, Berlin 1970, passim; *K. Hopt*, Die Dritte Gewalt als politischer Faktor, Berlin 1969.

[197] Vgl. besonders *W. Zeidler*, Richter und Verfassung, DÖV 1971, S. 6 ff. (S. 12). Insgesamt zur Stellung der rechtsprechenden Gewalt im Verhältnis zur Legislative und Exekutive *ders.*, Die Verwaltungsrechtsprechung in den Spannungsfeldern unserer Gesellschaft, DVBl. 1971, S. 565 ff. (S. 572).

[198] Vgl. *E. Steindorff*, Der unbestimmte Rechtsbegriff im Lichte der französischen und amerikanischen Verwaltungsrechtsprechung, DVBl. 1954, S. 110 ff. (S. 113, 114).

[199] Siehe dazu besonders *P. Lerche*, Zum „Anspruch auf rechtliches Gehör", ZZP 78 (1965), S. 1 ff. (S. 20). a. A. in letzter Zeit vor allem *R. Scholz*, Wirtschaftsaufsicht und subjektiver Konkurrentenschutz, Berlin 1971, S. 121, der davon ausgeht, daß das GG den Rechtsschutz ausschließlich bei der Rechtsprechung suche.

[200] Siehe dazu oben Fußnote 82.

[201] Vgl. zu dieser Argumentation für die Ausnahme von „political questions" aus der richterlichen Letztverantwortung *R. Dolzer*, Die staatstheoretische und staatsrechtliche Stellung des Bundesverfassungsgerichts, Berlin 1972, S. 108.

VII. Verfassungsrechtliche Grenzen

Regierung oder die Verwaltung — zur Regelung überhaupt zuständig bzw. — hier noch wichtiger — sachlich eher berufen sei. Von daher gesehen, darf es den Gerichten auch nicht verwehrt sein, einen weiterreichenden und eher erfolgversprechenden rechtlichen Schutz für die Betroffenen bereits im Verwaltungsverfahren anzuerkennen und mit Rücksicht darauf ihre Nachprüfung ggf. auf eine Kontrolle des behördlichen Verfahrens zu konzentrieren[202]. Art. 19 IV GG zwingt nicht dazu, den nötigen Rechtsschutz allein bei der Rechtsprechung suchen zu müssen. Es wird dem von dieser Verfassungsbestimmung intendierten rechtsstaatlichen Schutz für den Bürger eher gerecht, wenn man das gerichtliche und das Verwaltungsverfahren als aufeinander bezogene Elemente einer größeren, dem Rechtsschutz dienenden Einheit begreift[203]. Dabei kann aber jeweils die Ausgestaltung des einen Verfahrens nicht ohne Rückwirkung auf die des anderen bleiben.

Zwischen beiden Verfahrensarten besteht ein funktionaler Zusammenhang, für dessen nähere Ausformung Art. 19 IV GG den nötigen Spielraum beläßt und keine unüberwindbaren verfassungsrechtlichen Schranken setzt.

Im Ergebnis läßt sich deshalb der Verfassung und dort speziell dem Art. 19 IV kein Verbot entnehmen, das Verhältnis von Verwaltungsverfahren und Verwaltungsgerichtsbarkeit auch in Deutschland bei Bedarf in vorsichtiger Anlehnung an ausländische Vorbilder zu regeln und den notwendigen Rechtsschutz auch mit Hilfe des Verwaltungsverfahrens zu verwirklichen. Eine Beschränkung von Intensität und Ausmaß der nachträglichen Gerichtskontrolle muß jedenfalls prinzipiell dann zulässig sein, wenn sie mit Rücksicht auf die Beachtung geeigneter Sicherungen bereits im Verwaltungsverfahren erfolgt.

---

[202] a. A. beispielsweise BVerwGE 23/194 (S. 201) und OVG Lüneburg, DVBl. 1972, S. 393 (S. 396). Diese Entscheidungen gehen davon aus, daß keine wie auch immer geartete Ausgestaltung des Verwaltungsverfahrens eine Einschränkung des gerichtlichen Schutzes zulasse.
[203] Siehe dazu vor allem *D. Lorenz*, Der Rechtsschutz des Bürgers und die Rechtsweggarantie, München 1973, S. 180.

VIII. Spezifische Merkmale einer Theorie des funktionalen Zusammenhanges von Verwaltungsverfahrensrecht und Verwaltungsgerichtsbarkeit für das geltende und für das zukünftige Recht

1. Damit ist allerdings erst die prinzipielle Möglichkeit eröffnet, den notwendigen Verwaltungsrechtsschutz auch im deutschen Recht nicht allein bei der rechtsprechenden Gewalt, d. h. den Verwaltungsgerichten, suchen zu müssen. Hinreichend konkretisierte Aussagen über den funktionalen Zusammenhang von Verwaltungsverfahrensrecht und Verwaltungsgerichtsbarkeit sind dadurch noch nicht getroffen. In jedem Fall muß dann, wenn auch das deutsche Verwaltungsrecht zunehmend zu verwaltungsverfahrensmäßigen Lösungen übergeht, der funktionale Zusammenhang zwischen Verwaltungsverfahrensrecht und Verwaltungsgerichtsbarkeit, besonders im Hinblick auf die *Folgen* eines solchen Lösungsmodells[204], auch wirklich gewahrt bleiben.

2. Dieses Gebot kann vor allem in Zeiten des Umdenkens in der verwaltungsrechtlichen Dogmatik Geltung beanspruchen, wie wir es gegenwärtig in der zentralen Frage der richterlichen Überprüfung unbestimmter Rechtsbegriffe und administrativer Ermessensentscheidungen erleben. Dort ist nach einer Periode einer nach Totalität drängenden Gerichtskontrolle in der jüngsten Zeit eine gegenläufige Tendenz erkennbar[205].

---

[204] Zur Wahrung „wertungsmäßiger Folgerichtigkeit" innerhalb eines juristischen Systems siehe *C. W. Canaris*, Systemdenken und Systembegriff in der Jurisprudenz, Berlin 1969, S. 18. Zur Notwendigkeit einer Folgendiskussion als einer spezifisch rechtswissenschaftlichen Aufgabe siehe u. a. *A. Podlech*, Wertungen und Werte im Recht, AöR 95 (1970), S. 185 ff. (S. 197 f.) und darauf aufbauend *H. Faber*, Die Verbandsklage im Verwaltungsprozeß, Baden-Baden 1972, S. 45 m. w. N.

[205] Diese Feststellung läßt sich m. E. angesichts der im folgenden nachgewiesenen höchstrichterlichen Entscheidungen, vor allem in Anbetracht des insoweit richtungweisenden Beschlusses des Gemeinsamen Senates vom 19. 10. 1971 (FN 206), trotz der höchst unterschiedlichen Beurteilung, die jene Entwicklung in literarischen Äußerungen erfahren hat, durchaus treffen. Das Spektrum der Meinungen reicht insoweit von der Annahme „fast einer Sensation" (so *O. Bachof*, JZ 1972, S. 208 in der Anm. zu BVerwG, Urt. v. 16. 12. 1971 = JZ 1972, S. 204 [literarischer Jugendschutz]) bis hin zu jenen Meinungen, die dies als „Legendenbildung" abtun und eine „normale" Entwicklung annehmen (so *H. Kellner*, Neue Erkenntnisse zum sogenannten Beurteilungsspielraum?, DÖV 1972, S. 801).

VIII. Spezifische Merkmale einer zukünftigen Theorie

In bewußter Abkehr von der früheren Forderung nach einer möglichst umfassenden richterlichen Nachprüfung staatlicher Hoheitsakte haben sich gegenwärtig der Gemeinsame Senat[206] der obersten Gerichtshöfe des Bundes und das BVerwG[207] in mehreren Entscheidungen bei der Kontrolle von unbestimmten Rechtsbegriffen und von Ermessensentscheidungen der Verwaltung eine deutliche Zurückhaltung auferlegt. So begrüßenswert und überfällig diese Wende in der höchstrichterlichen Rechtsprechung auch sein mag, so viel scheint jedenfalls sicher: die Gefahr ist unverkennbar, daß eine übertriebene Forderung nur durch eine andere, wenn auch entgegengesetzte, abgelöst wird und daß nach einer Zeit möglichst weitreichenden Verwaltungsrechtsschutzes das Pendel zu sehr in Richtung auf eine Beschränkung richterlicher Kontrolle hin ausschlagen könnte[208].

Deshalb ist es besonders in einer Zeit des Wandels geboten, rechtzeitig die Frage nach den notwendigen rechtlichen Folgen einer solchen Einschränkung des verwaltungsgerichtlichen Rechtsschutzes und nach möglichen Ausgleichsgarantien und nach kompensierenden rechtlichen Sicherungen zu stellen. Das bisher vorhandene Rechtsprechungsmaterial bietet, wie im einzelnen später noch zu zeigen sein wird, schon etliche wertvolle Ansatzpunkte dafür, wie sich die eingeschränkte Kontrolldichte verwaltungsgerichtlicher Nachprüfung durch geeignete Schutz-

---

[206] Beschluß vom 19. 10. 1971 = BVerwGE 39, S. 355 = NJW 1972, S. 1411 mit Anm. *M. Kloepfer* = DVBl. 1972, S. 604 mit Anm. *K. Redeker* = BB 1972, S. 781 mit Anm. *C. Grimm* = DÖV 1972, S. 712. Im Anschluß an die Entscheidung des GmS siehe jetzt auch BSG, Urt. v. 26. 9. 1972 = MDR 1973, S. 169 zum Begriff des „Härtefalls" i. S. d. § 602 RVO.

[207] Vgl. vor allem BVerwG, Urt. v. 16. 12. 1971 = BVerwGE 39, S. 197 = NJW 1972, S. 596 = JZ 1972, S. 204 = DVBl. 1972, S. 388 (jugendgefährdende Schriften); Urt. v. 21. 1. 1972 = DVBl. 1972, S. 895 mit Anm. *K. Redeker* (interne Mengenbegrenzung gemäß § 12 AWG) und Urt. v. 9. 2. 1972 = BVerwGE 39, S. 291 („öffentliche Belange" i. S. d. § 111 I, S. 2 Nr. 5 BBG). Ein Überblick über den Stand der Rechtsprechung zum unbestimmten Rechtsbegriff und zum Beurteilungsspielraum wird u. a. von *H. U. Erichsen*, VerwArchiv Bd. 63 (1972, S. 337 ff. und *C. Heinze*, Die Formel „volkswirtschaftlich förderungswürdig" als Richtmaß staatlicher Wirtschaftslenkung, WiR 1972, S. 267 ff. (S. 281 f.) geliefert.

[208] Mit einer solchen Einschränkung wäre auch *H. H. Rupp*, Freiheit und Partizipation, NJW 1972, S. 1537 ff. (S. 1540 FN 10) in seiner Sorge recht zu geben, daß der „psychologische Effekt" dieser Rechtsprechung in Zukunft weit gravierender sein könnte als der dogmatische. Die Gefahr ist m. E. nicht bereits deswegen beseitigt worden, weil das BVerwG jüngst 2 Entscheidungen gefällt hat, die auch angesichts der Entscheidung des GmS (oben FN 206) bei der Kontrolle unbestimmter Rechtsbegriffe an einer vollen gerichtlichen Nachprüfung festgehalten haben. Siehe BVerwG, Urt. v. 29. 9. 1972 = BVerwGE 40, S. 353 ff., 356 f. („wichtiger Grund" bei der Namensänderung) und Urt. v. 24. 5. 1972 = BVerwGE 40, S. 112 ff. (Zuverlässigkeit eines Prozeßagenten — insoweit in der Amtl. Sammlung nicht abgedruckt). a. A. unter Hinweis auf diese beiden Entscheidungen *H. Kellner*, Neue Erkenntnisse zum Beurteilungsspielraum?, DÖV 1972, S. 801 ff. (S. 806).

institute ausgleichen ließe. Diese Ansatzpunkte müssen von der verwaltungsrechtlichen Dogmatik überprüft, wenn nötig korrigiert, in einen Zusammenhang gebracht und soweit als möglich fortentwickelt werden.

3. Daneben erscheint der bisherige Verlauf der Diskussion über die Nachprüfbarkeit unbestimmter Rechtsbegriffe und von Ermessensentscheidungen der Verwaltung noch unter einem anderen Aspekt bedeutsam. Es lassen sich daraus zusätzlich etliche wesentliche Erkenntnisse mehr allgemeiner Art gewinnen, die auch für eine damit durch vielfältige Beziehungen verbundene Theorie des funktionalen Zusammenhanges von Verwaltungsverfahrensrecht und Verwaltungsgerichtsbarkeit Beachtung verdienen. Die wohl wichtigsten Erkenntnisse sind folgende:

a) Es hat sich zumindest als sehr zweifelhaft erwiesen, ob die herkömmlichen dogmatischen Kategorien des Ermessens und des unbestimmten Rechtsbegriffs allein ausreichend sind, um die jeweils von der Verwaltung oder von der Verwaltungsgerichtsbarkeit zu leistenden Aufgaben genügend scharf voneinander abzugrenzen[209].

Die Suche nach der einzig-richtigen Lösung hat in der Vergangenheit den Blick dafür verstellt, daß es bei der Kontrolle unbestimmter Rechtsbegriffe nicht so sehr um ein rechtstheoretisch-methodisches als um ein mehr judiziell- praktisches Problem der rechtspolitisch angemessen verteilten Verantwortung auf Rechtsprechung und Verwaltung geht[210].

b) Soweit eine Einschränkung des richterlichen Kontrollumfanges sich als notwendig erweist, können das Organisations- und Verfahrensrecht eine Ausgleichsfunktion übernehmen. Diese Ausgleichsfunktion ist allerdings noch nicht hinreichend definiert.

c) Der wohl schwerwiegendste Mangel der bisherigen Ermessenslehre bestand und besteht z. T. noch heute darin, daß sie die Ermessensentscheidungen der Verwaltung in jedem Fall nach einheitlichen Maßstäben beurteilen zu müssen glaubte[211].

Erst unter dem Eindruck der bereits erwähnten Entscheidung des Gemeinsamen Senats der obersten Gerichtshöfe des Bundes vom

---

[209] Vgl. dazu für den Bereich des Rechtsschutzes gegenüber staatlicher Wirtschaftsplanung jetzt *H. H. Seidler*, Rechtsschutz bei staatlicher Wirtschaftsplanung, Berlin 1973, S. 66 ff.

[210] Vgl. vor allem *Horst Joachim Müller*, NJW 1972, S. 1588 in der Anm. zu BVerwG, NJW 1972, S. 595 (literarischer Jugendschutz). Siehe außerdem *R. Zippelius*, Einführung in die juristische Methodenlehre, München 1971, S. 115; *C. F. Menger*, Der Staat 1972, S. 257.

[211] Vgl. dazu vor allem *O. Bachof*, Neue Tendenzen in der Rechtsprechung zum Ermessen und zum Beurteilungsspielraum, JZ 1972, S. 641.

VIII. Spezifische Merkmale einer zukünftigen Theorie 61

19. 10. 1971[212] hat sich die Einsicht zunehmend durchgesetzt, daß der Zwang, in der konkreten Ausgestaltung höchst unterschiedliche administrative Ermessensentscheidungen nach einheitlichen Maßstäben zu beurteilen, häufig sachgerechte Ergebnisse verhindert. Solche sachgerechten Ergebnisse sind nur durch mehr differenzierende[213] und modifizierende Lösungsmethoden zu erzielen.

4. Gerade diese letzte Erfahrung sollte auch für eine Theorie des funktionalen Zusammenhanges von Verwaltungsverfahrensrecht und Verwaltungsgerichtsbarkeit nutzbar gemacht werden. Sie läßt einen *bewußten Verzicht* auf eine möglichst einfache und einheitliche Aussage ratsam erscheinen, obwohl dies an sich von der Zielsetzung juristischer Dogmatik und im Interesse der Rechtssicherheit für den rechtsschutzsuchenden Bürger erstrebenswert wäre.

Es geht auch im Bereich des funktionalen Zusammenhanges von Verwaltungsverfahrensrecht und Verwaltungsgerichtsbarkeit weniger um eine möglichst einheitliche dogmatische Linie, die ohnehin nicht durchgehalten werden kann und die häufig nur den Blick für die wirklichen Probleme des einzelnen Falles verstellt, als um der jeweiligen Sachaufgabe angemessene, differenzierende Lösungen, die eine elastische und flexible Kontrolle behördlicher Entscheidungen gewährleisten.

5. Allerdings muß die verwaltungsrechtliche Dogmatik möglichst präzise die verschiedenen juristischen Kategorien herausarbeiten, die für die Definition des funktionalen Zusammenhanges von Verwaltungsverfahrensrecht und Verwaltungsgerichtsbarkeit maßgebend sind. Den äußeren Bezugsrahmen bildet insoweit die allgemeine Überlegung, daß eine richterliche Kontrolle dort stattfinden muß, wo sie möglich ist und sich eine Einschränkung des richterlichen Kontrollumfanges nicht aus dem Gesichtspunkt verantwortungsteilender Aufgabenbewältigung im demokratischen Rechtsstaat rechtfertigen läßt. Hier besteht eine Kontrollpflicht für die Gerichte[214].

---

[212] Siehe oben FN 206.
[213] So vor allem *K. Redeker*, DVBl. 1972, S. 608 f. in der Anm. zu dem Beschluß des Gemeinsamen Senates.
[214] Vgl. in diesem Zusammenhang die Ausführungen bei *W. Hoppe*, Die kommunale Gebietsreform im Spannungsfeld von Neuordnungsmodellen und Einzelmaßnahmen, DVBl. 1971, S. 473 ff. (S. 479 f.). In seiner Kritik an der sich ausdrücklich auf die Wahrung der Systemgerechtigkeit bei Neugliederungsmaßnahmen beschränkenden Rechtskontrolle des VerfGH Rheinland-Pfalz (Urt. v. 21. 3. 1969 = AfK 1969, S. 375 ff. [S. 387]) vertritt *W. Hoppe* die Auffassung, daß die Einräumung kontrollfreier Räume dort, wo Kontrolle möglich sei, der richterlichen Kontrollpflicht widerspreche. Zu einer auf die Wahrung von „Systemgerechtigkeit" beschränkten Rechtskontrolle vgl. außerdem *K. Lange*, Systemgerechtigkeit, Die Verwaltung 1971, S. 259 ff. mit einer Stellungnahme zu VerfGH Rheinland-Pfalz, Urt. v. 5. 5. 1969 = DVBl. 1970, S. 780.

VIII. Spezifische Merkmale einer zukünftigen Theorie

Wo aber eine Beschränkung richterlicher Kontrolle aus dem Gesichtspunkt funktionaler Aufgabenbewältigung verlangt wird, ist dies prinzipiell auch anzuerkennen[215], selbst wenn es sich im Einzelfall als schwierig erweist, die Grenzlinie zwischen erlaubter richterlicher Selbstbeschränkung[215a] und verfassungsrechtlich gebotener umfassender Gerichtskontrolle exakt zu bestimmen.

Im Fall einer eingeschränkten Gerichtskontrolle müssen ausreichende kompensierende Sicherungsgarantien vorhanden sein oder bereitgestellt werden. Diese Sicherungen können vor allem das Organisations- und Verwaltungsverfahrensrecht abgeben.

6. Das Ausmaß möglicher richterlicher Kontrolle differiert im einzelnen in den verschiedenen Sachbereichen des Verwaltungsrechts. An jenen Sachbereichen und den dort jeweils zu bewältigenden Aufgaben muß sich auch eine Theorie elastischer und flexibler Kontrolle behördlicher Entscheidungen orientieren.

In der juristischen Literatur ist es vor allem *F. Werner*[216] gewesen, der schon sehr früh für eine solche Unterscheidung nach Sachbereichen eingetreten ist. Nach seiner Auffassung sollen die Verwaltungsgerichte in den mehr „technischen" Fragen des Verwaltungsrechts die Entscheidung der Verwaltung als die eines Sachverständigen auffassen, die sie nur unter engen Voraussetzungen korrigieren, während sie in den politischen Grundfragen („freiheitliche demokratische Grundordnung", „verfassungsmäßige Ordnung") wegen der Unmöglichkeit wertneutraler, sachverständiger Feststellungen zu einer umfassenden eigenen Beurteilung verpflichtet seien.

Diese Unterscheidung trifft das juristisch Wesentliche. Wo der Verwaltung gleichsam die Rolle eines Sachverständigen für hochkomplizierte, ökonomisch, technisch oder planerisch nur sehr schwer zu bewältigende Fragen zugewiesen ist, ihr also ein plastisch als „technisches

---

[215] Vgl. auch *H. J. Müller*, NJW 1972, S. 1588: Verzicht auf den Beurteilungsspielraum als rechtstheoretische Besonderheit zugunsten eines Appells an den „judicial self-restraint".

[215a] Zum „judicial self-restraint" im verfassungsgerichtlichen Verfahren siehe jetzt besonders BVerfG, Urt. v. 31. 7. 1973, NJW 1973, S. 1539 ff. (Grundlagenvertrag).

[216] Siehe *F. Werner*, Zur Kritik an der Verwaltungsgerichtsbarkeit, DVBl. 1957, S. 221 ff. (S. 226 f.) — Neuabdruck in der Aufsatzsammlung, *ders.*, Recht und Gericht in unserer Zeit (Hrsg. K. A. Bettermann und C. H. Ule), Köln, Berlin, Bonn, München 1971, S. 304 ff. (S. 316 f.). Zu den juristischen Schwierigkeiten des Verwaltungsrichters gegenüber den Fachbearbeitern der Verwaltung in Zeiten zunehmender Verfachlichung des Verwaltungsrechts siehe *H. Huber*, Der Standort des Richters in der modernen Gesellschaft (1962), in: *ders.*, Rechtstheorie, Verfassungsrecht, Völkerrecht, Bern 1971, S. 435 ff. (S. 447).

VIII. Spezifische Merkmale einer zukünftigen Theorie

Ermessen"[217] bezeichneter Handlungsspielraum überantwortet ist, läßt sich mit Rücksicht auf ihr sachverständiges Urteil aus dem Gesichtspunkt funktionaler Aufgabenbewältigung und Aufgabenverteilung eher eine Einschränkung richterlicher Kontrollbefugnisse rechtfertigen als dort, wo etwa die Einhaltung wichtiger Verfassungsgarantien und zwingender Grundrechtsnormen auf dem Spiele steht.

Im letzteren Fall muß nicht nur wegen der Unmöglichkeit wertneutraler, sachverständiger Feststellungen, sondern auch wegen des erhöhten Rechtsschutzbedürfnisses des einzelnen eine möglichst umfassende richterliche Kontrolle stattfinden.

In dieselbe Richtung könnte auch eine Entscheidung deuten, die das BVerwG[218] jüngst zur Kontrolle interner Mengenbegrenzung bei genehmigungsbedürftiger Einfuhr gemäß § 12 AWG getroffen hat. Obwohl der Senat der Behörde bei Einfuhrbeschränkungen im Außenhandel ausdrücklich einen Spielraum wirtschaftspolitischen Ermessens zubilligt, verlangt er eine Einschränkung dieses Ermessensspielraumes und, inzidenter damit verbunden, eine verstärkte richterliche Kontrolle dort, wo das Grundrecht der Berufsfreiheit (Art. 12 GG) berührt wird. Vielleicht ist diese Entscheidung auch ein Anzeichen dafür, daß zukünftig trotz aller theoretischen Gegensätze auch im deutschen Verwaltungsrecht nach dem Vorbild mancher ausländischer Rechtsordnungen mehr als bisher eine flexible und elastische Kontrolle administrativen Ermessens erwartet werden darf.

7. Es ist allerdings nicht allein damit getan, daß mit Hilfe der juristischen Dogmatik möglichst genau der Bereich abgesteckt wird, wo eine Einschränkung richterlicher Kontrolle möglich bzw. sogar geboten ist. Daneben verdient der Vorgang selbst Beachtung, wie eine solche Entscheidung zustande kommen sollte. Es ist nicht vornehmlich eine Frage des Taktes[219], wie manchmal angenommen wird, in welchem Umfang der Richter sich selbst die nötige Beschränkung und Zurückhaltung auferlegt. Die richterliche Selbstbeschränkung („judicial self-restraint")[220] ist prinzipiell nur dann gerechtfertigt, wenn sie mit

---

[217] W. *Burckhardt*. Zitiert und übernommen bei M. *Imboden*, Grundsätze des administrativen Ermessens (1966), in: M. Imboden, Staat und Recht, Basel und Stuttgart 1971, S. 417 ff. (S. 430).

[218] Vgl. Urt. v. 21. 1. 1972 = DVBl. 1972, S. 895 mit Anm. K. *Redeker*.

[219] So aber die Auffassung vor allem von H. H. *Rupp*, Grundfragen der heutigen Verwaltungsrechtslehre, Tübingen 1965, S. 220 f. Ebenso C. *Starck*, Der Gesetzesbegriff des Grundgesetzes, Baden-Baden 1970, S. 277.

[220] Vgl. dazu H. *Krüger*, Die verfassungsgerichtliche Beurteilung wirtschaftspolitischer Entscheidungen, DÖV 1971, S. 289 ff. (S. 290). Beachte besonders dessen Hinweis auf S. A. *De Smith*, Judicial Review of Administrative Action, 2. Aufl., London 1968, S. 27.

Rücksicht auf die staatliche Funktionenordnung vorgenommen wird und wenn sie die rechtlichen Schranken richterlicher Kontrolle gegenüber der Exekutive zutreffend bestimmt[221]. Eine solche Entscheidung muß, gerade weil sie sich in vielen Fällen kaum im Sinne rechtlicher Eindeutigkeit treffen läßt, selbst wieder kontrollierbar sein. Deshalb darf es bei der stillschweigenden Annahme, der Richter sei sich selbst sehr wohl der Grenzen seiner Entscheidungszuständigkeit und Entscheidungsfähigkeit bewußt[222], nicht sein Bewenden haben, auch wenn diese Einschätzung in den meisten Fällen zutreffend sein dürfte. Vielmehr müssen die Grenzen richterlicher Kontrolltätigkeit bewußt offengelegt werden[223], denn eine an sich gebotene Rücksichtnahme auf administrative Erfahrung oder besondere Fachkenntnisse der Verwaltung ist bereits dann gefährlich, wenn sie „versteckt und uneingestanden"[224] bleibt. Wird sie dagegen offen zum Ausdruck gebracht, kann sie selbst wieder daraufhin überprüft werden, ob sie von einer zutreffenden Einsicht in eine sinnvolle staatliche Funktionenteilung getragen wird und ob die notwendigen Folgen einer solchen Einschränkung richterlicher Kontrolle, etwa in der Form verstärkter Sicherungen im Organisations- und Verwaltungsverfahrensrecht, beachtet worden sind.

8. Auf jenen notwendigen rechtlichen Folgen ruht wohl das Schwergewicht des rechtswissenschaftlichen Interesses im Rahmen einer Theorie des funktionalen Zusammenhanges von Verwaltungsverfahrensrecht und Verwaltungsgerichtsbarkeit.

Die gegenwärtige dogmatische Auseinandersetzung um das rechte Ineinandergreifen von Verwaltungsverfahren und Verwaltungsgerichtsbarkeit leidet vor allem daran, daß es nicht immer deutlich herausgestrichen wird, an welcher Stelle die Diskussion auf letztlich irreduziable Größen stößt[225]. Die juristische Analyse ist in diesem Fall darauf

---

[221] Vgl. dazu vor allem *O. Bachof*, Neue Tendenzen in der Rechtsprechung zum Ermessen und zum Beurteilungsspielraum, JZ 1972, S. 641 ff. (S. 645).

[222] So u. a. *Walter Schmidt*, Gesetzesvollziehung durch Rechtsetzung, Bad Homburg v. d. H., Berlin, Zürich 1969, S. 148 f. Nach seiner Auffassung sind sich die Verwaltungsgerichte trotz der von ihnen häufig erhobenen polemischen Forderung nach umfassender gerichtlicher Nachprüfbarkeit jeder Verwaltungsentscheidung der Sache nach sehr wohl der Grenzen ihrer Erkenntnisfähigkeit und Entscheidungszuständigkeit bewußt.

[223] So vor allem *M. Imboden*, Grundsätze des administrativen Ermessens (1966), in: M. Imboden, Staat und Recht, Basel und Stuttgart 1971, S. 417 ff. (S. 429, 430).

[224] *M. Imboden*, Staat und Recht, S. 430.

[225] Zu den rechtstheoretischen Anforderungen an den Aufbau dogmatischer Theorien allgemein siehe besonders *A. Podlech*, Rechtstheoretische Bedingungen einer Methodenlehre juristischer Dogmatik, in: Rechtstheorie als Grundlagenwissenschaft der Rechtswissenschaft (Jahrbuch für Rechtssoziologie und Rechtstheorie Bd. 2), Düsseldorf 1972, S. 491 ff. (S. 502).

VIII. Spezifische Merkmale einer zukünftigen Theorie

beschränkt, jedenfalls soweit das axiomatische Fundament mit der in der Verfassung getroffenen „Vorabbestimmung des Willens"[226] vereinbar ist, das darauf aufbauende Rechtssystem auf seine Geschlossenheit und Folgerichtigkeit hin zu überprüfen[227].

Obwohl seit R. v. Iherings[228] berühmtem Satz, daß die „Form die geschworene Feindin der Willkür, die Zwillingsschwester der Freiheit" sei, die freiheitssichernde Funktion eines geordneten Verfahrens oft genug beschrieben[229], ja vom Staat als solchem festgestellt worden ist, daß er nur als „geordnetes Verfahren"[230] gedacht werden und daß er daher nur in geordneten Verfahren existieren könne, hat sich — quasi als Folgerung daraus — die Einschätzung der Bedeutung des Verfahrens- und Prozeßrechts als eine solche letztlich irreduzible Größe erwiesen.

Erschöpft sie sich in einer bloßen, auf das materielle Recht bezogenen dienenden Funktion[231] oder haben auch die Verfahrensnormen „kategorischen, nicht hypothetischen Charakter"[232]? Auf diese Frage kommt es aber auch in der funktionalen Aufgabenverteilung zwischen Verwaltungsverfahren und Verwaltungsgerichtsbarkeit entscheidend an. Je nach der Einschätzung der Bedeutung des von der Verwaltung zu beachtenden Verfahrensrechts und je nach den rechtlichen Sanktionen, die an eine Verletzung dieses Verfahrensrechts geknüpft werden[233],

---

[226] Vgl. W. v. Simson, Das demokratische Prinzip im Grundgesetz, VVDtStRL 29 (1971), S. 3 ff. (S. 13 f.).

[227] Zu den Bedingungen, die an eine axiomatische Theorie im Bereich der Rechtswissenschaft zu stellen sind, siehe G. W. Wittkämper, Theorie der Interdependenz, Köln, Berlin, Bonn, München 1971, S. 23 ff. Zur Notwendigkeit, die juristische Diskussion auf einen nachvollziehbaren, rationalen Begründungszusammenhang zu reduzieren vgl. grundlegend J. Esser, Grundsatz und Norm, Tübingen 1956, S. 85. Im selben Sinne A. Görlitz, Politische Funktionen der Lehre vom Verwaltungsakt, PVS 1971, S. 71 ff. (S. 83).

[228] R. v. Ihering, Geist des römischen Rechts, 2. Teil, 4. Aufl. 1883 (Neuabdruck Basel, 8. Aufl.), S. 471.

[229] Vgl. den Hinweis auf R. v. Ihering bei F. Kopp, Verfassungsrecht und Verwaltungsverfahrensrecht, München 1971, S. 56. Vgl. dazu außerdem G. Langrod, Probleme des allgemeinen Verwaltungsverfahrens, DVBl. 1961, S. 305 ff. (S. 309).

[230] Vgl. H. Krüger, Allgemeine Staatslehre, 2. Aufl., Stuttgart, Berlin, Köln, Mainz 1966, S. 197 f., S. 723. Ebenso Brun-Otto Bryde, Zentrale wirtschaftspolitische Beratungsgremien in der Parlamentarischen Verfassungsordnung, Frankfurt a. M. 1972, S. 53.

[231] Siehe dazu oben FN 46.

[232] Wie es G. Radbruch, Rechtsphilosophie, 5. Aufl., Stuttgart 1956, S. 281 annimmt.

[233] C. H. Ule, Verwaltungsreform als Verfassungsvollzug, in: Recht im Wandel, Festschrift Hundertfünfzig Jahre Carl Heymanns Verlag KG, Köln, Berlin, Bonn, München 1965, S. 53 ff. (S. 71 f.) mißt der Frage nach den rechtlichen Folgen von Verfahrensfehlern wegen ihrer rechtsstaatlichen Wirkung

muß sich auch der funktionale Zusammenhang von Verwaltungsverfahrensrecht und verwaltungsgerichtlicher Kontrolle verschieben.

9. Eine solche Entsprechung bestand in der Vergangenheit, und sie muß es auch in Zukunft geben. Solange die Verwaltungsgerichte jedenfalls prinzipiell die andere Kontrollformen ausschließende Kompetenz für sich in Anspruch nahmen, möglichst umfassend die Hoheitsakte der Verwaltung zu kontrollieren und im Ergebnis die einzig sachlichrichtige Entscheidung zu treffen, war es — von den angenommenen Prämissen aus betrachtet — durchaus konsequent, daß Fehler oder Mängel im Entscheidungsprozeß der Exekutive nur dann berücksichtigt worden sind, wenn ein solcher Verfahrensverstoß die Verwaltungsendentscheidung in ihrem Ausspruch beeinflussen konnte[234]. In einem Verwaltungskontrollsystem, in dem die Letztverantwortung für die einzig richtige Entscheidung allein dem Verwaltungsrichter überlassen ist, wird die Aufhebung eines materiell-richtigen Verwaltungsaktes lediglich wegen eines Fehlers im Verwaltungsverfahren zum „prozeßökonomischen Delikt"[235] und dem Verwaltungsverfahrensrecht nur eine auf das Ergebnis bezogene dienende Funktion[236] beigemessen.

10. Diese Einschätzung muß sich aber in dem Augenblick ändern, in dem die Rechtsordnung zunehmend zu verwaltungsverfahrensmäßigen Lösungen übergeht und der Verwaltungsrichter den Kontrollumfang verwaltungsgerichtlicher Nachprüfung mit Rücksicht auf die funktionale Aufgabenverteilung im demokratischen Rechtsstaat begrenzt. In diesem Fall verlangen die Leitprinzipien der Verantwortung und der Kontrolle unter dem Gesichtspunkt der rechtlichen Folgen, die dann notwendigerweise mitgedacht und mitbeachtet werden müssen, eine grundlegend andere Beurteilung der Wertigkeit des Verwaltungsverfahrensrechtes. Sie muß sich notwendig erhöhen.

Das Verwaltungsverfahren ließ sich bisher ohnehin nicht von jeder legitimierenden Funktion entbinden und allein auf verwaltungstech-

---

zentrale Bedeutung bei. Ebenso *F. Kopp*, Die Heilung von Mängeln des Verwaltungsverfahrens und das Nachschieben von Gründen im Verwaltungsprozeß, VerwArchiv 61 (1970), S. 219 ff. (S. 221 f.); K. *Redeker* Sozialstaatliche Gestaltung und rechtsstaatliche Bindung, DVBl. 1971, S. 369 ff. (S. 372).

[234] Siehe oben FN 46. Besonders deutlich kommt diese Verknüpfung von Verfahrensverstoß und Ergebnisbeeinflussung im *Wahlrecht* zum Ausdruck. Dort ist ein Verfahrensverstoß — mit der Folge der Ungültigkeitserklärung der Wahl — nur dann beachtlich, wenn er auf das Wahlergebnis von Einfluß gewesen sein kann. Vgl. dazu u. a. VGH Mannheim, Urt. vom 18. 2. 1964 = ESVGH Bd. 14, S. 11 und OVG Münster, Urt. v. 4. 8. 1971 = DÖV 1972, S. 360, Spruchpraxis Nr. 168.

[235] H. *Faber*, Die Verbandsklage im Verwaltungsprozeß, S. 63.

[236] Siehe oben FN 46.

VIII. Spezifische Merkmale einer zukünftigen Theorie

nische Zweckmäßigkeit hin ausrichten, wie es *N. Luhmann*[237] vorgeschlagen hat, denn in dieser Ausprägung wäre es jedenfalls mit den rechtsstaatlichen und demokratischen Anforderungen unseres Grundgesetzes nicht vereinbar[238]. Wird die Bindung der Exekutive in zunehmendem Maße mit Hilfe des Verfahrensrechts versucht und die Gerichtskontrolle mit Rücksicht auf eine angemessene staatliche Funktionenteilung beschränkt, muß das Verwaltungsverfahrensrecht eine ungleich größere Bedeutung an Legitimationskraft und an rechtlicher Qualität gewinnen. Die wichtigste Konsequenz ist folgende: Ohne zwingende rechtliche Sanktion müssen die bereits im Verwaltungsverfahren eingebauten und dementsprechend vorverlagerten Sicherungen letztlich wirkungslos bleiben. Nur ein effizienter Verfahrensschutz vermag aber im funktionalen Zusammenhang von Verwaltungsverfahrensrecht und Verwaltungsgerichtsbarkeit eine Einschränkung verwaltungsgerichtlicher Kontrolldichte auszugleichen.

Hat die Rechtsprechung die Aufgabe, die Beteiligung des Bürgers im Verwaltungsverfahren zu sichern, bedeutet dies eine Formalisierung des Verfahrens, und diese Formalisierung muß streng gehandhabt werden[239]. Im einzelnen mag man darüber streiten, wann im Rahmen eines grundsätzlich eng zu bemessenden Ausnahmekatalogs ein Abweichen von den rechtlichen Garantien und den Organisationsnormen des Verwaltungsverfahrensrechts gestattet sein soll, ob nur in den Fällen eines ausdrücklich in der Verfassung anerkannten Grundes[240] oder bereits bei jedem legitimen öffentlichen Interesse[241]. Sicher ist jedenfalls soviel, daß dann, wenn im Wege gesetzgeberischer Entscheidung die Rechtskontrolle der Verwaltung zunehmend durch ein verwaltungsverfahrensmäßiges Instrumentarium bewirkt werden soll und der Ver-

---

[237] Siehe *N. Luhmann*, Legitimation durch Verfahren, Neuwied am Rhein und Berlin 1969, S. 211.

[238] Vgl. dazu die Kritik von *C. H. Ule*, Verwaltungsverfahren und Verwaltungsprozeß, VerwArchiv 62 (1971), S. 114 ff. (S. 125) an *Luhmanns* Vorschlag.

[239] Vgl. dazu vor allem *K. Redeker*, Sozialstaatliche Gestaltung und rechtsstaatliche Bindung, DVBl. 1971, S. 369 ff. (S. 372), der „jeder Aufweichung mit dem Hintergedanken, der Verfahrensfehler sei auf die Entscheidung letztlich ohne Einfluß gewesen, entgegentreten" will. Ebenso *P. Häberle*, Öffentliches Interesse als juristisches Problem, S. 305 Fußn. 91; *C. F. Menger* u. *H. U. Erichsen*, Verwaltungsarchiv Bd. 57 (1966), S. 277. Ähnlich *D. Lorenz*, Der Rechtsschutz des Bürgers und die Rechtsweggarantie, München 1973, S. 182. Ohnehin läßt sich auch das Organisations- und Verfahrensrecht insofern materiell deuten, als zwischen formellem und materiellem Recht nur graduelle, nicht aber qualitative Unterschiede bestehen. Vgl. *F. Müller*, Normstruktur und Normativität, Berlin 1966, S. 205.

[240] So ewa *J. Pipkorn*, Auskunftsansprüche gegenüber Verwaltungsbehörden, DÖV 1970, S. 171 ff. (S. 175).

[241] So *W. Brohm*, Die Dogmatik des Verwaltungsrechts vor den Gegenwartsaufgaben der Verwaltung, VVDtStRL 30 (1972), S. 245 ff. (S. 279).

waltungsrichter mit Rücksicht auf die verantwortungsteilende Aufgabenbewältigung zwischen Exekutive und Gerichtsbarkeit den Umfang seiner Rechtskontrolle bewußt beschränkt, das Verwaltungsverfahrensrecht in seiner kompensierenden Funktion als notwendige rechtliche Folge prinzipiell mit unbedingtem Geltungsanspruch ausgestattet sein muß[242]. Für den Bereich richterlicher Nachprüfung bedeutet dies, daß der Verzicht auf eine möglichst umfassende Gerichtskontrolle und auf die einzig richtige Lösung als Konsequenz jede Relativierung des Verfahrensrechts unter dem Aspekt verbietet, der Verfahrensverstoß sei auf den Inhalt der Entscheidung der Verwaltung letztlich ohne Einfluß geblieben. Werden dem Bürger für den Fall eingeschränkter Gerichtskontrolle Rechtsschutz und Mitwirkungsmöglichkeiten bereits im Verwaltungsverfahren gewährt, muß dieser Weg auch konsequent offengehalten werden. Nur so kann der notwendige funktionale Zusammenhang von Verwaltungsverfahrensrecht und Verwaltungsgerichtsbarkeit gewahrt bleiben, wenn der Rechtsschutz über das Verwaltungsverfahrensrecht verwirklicht werden soll.

11. In der Tendenz hat dies die höchstrichterliche Verwaltungsrechtsprechung in der letzten Zeit durchaus erkannt. Sie wacht mit zunehmender Intensität darüber, daß die verfahrensmäßigen Anforderungen an den Verwaltungsablauf auch wirklich eingehalten werden, und sie hat die Möglichkeit nachträglicher Heilung von Verfahrensverstößen zum Teil in sehr bemerkenswerter, wenn auch nicht ausdrücklich als Wende in der Rechtsprechung bezeichneten Weise eingeschränkt. Dies gilt vor allem für die Wahrung rechtlichen Gehörs im Verwaltungsverfahren[243], dessen eigentliche Problematik heute nicht mehr in

---

[242] In diesem Zusammenhang mag ein Hinweis auf das immer mehr an Bedeutung gewinnende Recht der Europäischen Gemeinschaften von Interesse sein, wo der Rechtsschutz nach dem Vorbild des französischen Verwaltungsrechts jedenfalls prinzipiell nicht über den Schutz individueller Rechtspositionen (wie im deutschen Recht), sondern auf der Ebene objektiver Grundsätze des Verwaltungsrechts verwirklicht wird. (Vgl. *E. W. Fuss*, Die Europäischen Gemeinschaften und der Rechtsstaatsgedanke, 1967, S. 38; *G. Zieger*, Das Grundrechtsproblem in den Europäischen Gemeinschaften, Tübingen 1970, S. 41 f. und *H. P. Ipsen*, Europäisches Gemeinschaftsrecht, Tübingen 1972, Rdnr. 41/21 und 41/23). Im Europäischen Gemeinschaftsrecht führt die Verletzung ausdrücklich im Vertrag vorgesehener Verfahrens- oder Formvorschriften grundsätzlich zur Nichtigkeit des Hoheitsakts. (Vgl. dazu *H. P. Ipsen*, Europäisches Gemeinschaftsrecht, Rdnr. 24/23 für ausdrücklich vorgesehene Beteiligungs- und Mitwirkungsregeln. Aus der Rspr. beachte u. a. EuGH. Urt. v. 3.3.1970 Bd. XVI, S. 111 (Rechtssache 7/69); Urt. v. 17.2.1970 Bd. XVI, S. 25 (Rechtssache 31/69) und Urt. v. 26.5.1971, Bd. XVII, S. 465 (Rechtssachen 45 und 49/70) [Verletzung des Beamtenstatuts].

[243] Zum Problem des rechtlichen Gehörs im Verwaltungsverfahren beachte aus der vielfältigen Literatur u.a. *H. G. König*, Der Grundsatz des rechtlichen Gehörs im verwaltungsbehördlichen Verfahren, DVBl. 1959, S. 189 ff.; *C. H. Ule/F. Becker*, Verwaltungsverfahren im Rechtsstaat, Köln und Berlin 1964, S. 37 ff.; *C. H. Ule*, Das allgemeine Verwaltungsrecht im Deutschen

VIII. Spezifische Merkmale einer zukünftigen Theorie

seiner rechtlichen Begründung, sondern in der konkreten Ausgestaltung des Anhörverfahrens besteht[244].

Während bisher in der Rechtsprechung die wohl allgemeine Neigung bestand, eine Heilung der Verletzung rechtlichen Gehörs im Verwaltungsverfahren, abgesehen von dem Bereich administrativen Ermessens[245], in relativ großzügiger Weise bis in das gerichtliche Verfahren hinein zuzulassen[246], beobachten wir gegenwärtig eine gegenläufige, restriktive Entwicklung. Dies gilt vor allem für die Fälle einer gesetzlich vorgeschriebenen Anhörung. In zwei Entscheidungen aus der letzten Zeit hat das BVerwG[247] zur Frage der Anhörung vor der Einberufung zum Wehrdienst ausdrücklich festgestellt, daß die unterbliebene vorherige Anhörung nur bis zum Einberufungstermin und nur durch eine Maßnahme des Kreiswehrersatzamtes, also der erstinstanzlich entscheidenden Behörde selbst, nachgeholt werden könne.

Diese beiden Entscheidungen sind nicht nur im Ergebnis, sondern vor allem wegen ihrer über den engeren Bereich des Wehrpflichtrechts hinausreichenden und wohl allgemein beachtlichen Begründung interessant, denn der Senat interpretiert den Gesetzeszweck zutreffend dahin, daß die vorherige Anhörung einen wirksameren Schutz gewährleiste als die nachträgliche Überprüfung durch die Widerspruchsbehörde und daß diese Verfahrensvorschrift „die pauschale Vorsorge des Normgebers gegenüber der mit dem Erlaß des Einberufungsbescheides gewissermaßen eintretenden Verfestigung der Lage zu Lasten des Wehrpflichtigen"[248] bedeute.

Damit wird der übergreifende Gedanke zum Ausdruck gebracht, daß sich heute die Kontrollmöglichkeit besonders gegenüber der planenden

---

Verwaltungsblatt, DVBl. 1968, S. 781 ff. (S. 785); *H. Scholler*, Die Interpretation des Gleichheitssatzes als Willkürverbot oder als Gebot der Chancengleichheit, Berlin 1969, S. 86 f.; *H. Plumeyer*, Zum Problem des rechtlichen Gehörs im Verwaltungsverfahren, Die Berufsgenossenschaft 1971, S. 192 ff.; *K. Krieger*, Das Recht des Bürgers auf behördliche Auskunft, Berlin 1972, S. 167 f. jeweils m. w. N. Aus der neueren Rechtsprechung vgl. u. a. OVG Lüneburg, NJW 1971, S. 2038; OVG Rheinland-Pfalz, VerwRspr Bd. 21, Nr. 51 (S. 224); VGH Mannheim, BaWüVerwBl. 1972, S. 151 ff. (S. 155). Zum Zusammenhang von rechtlichem Gehör und Begründungspflicht siehe u. a. *W. Schick*, Notwendigkeit und Funktion der Begründung bei Verwaltungsakten, JuS 1971, S. 1 ff. (S. 3).

[244] Vgl. dazu für das Anhörverfahren im Rahmen der Gebietsreform *F. L. Knemeyer*, Das Anhörverfahren im Rahmen der bayerischen Gebietsreform, BayVBl. 1971, S. 371 ff. (S. 371).

[245] Vgl. BVerwG, Urt. v. 1. 10. 1963 = DVBl. 1965, S. 26 (S. 28).

[246] Vgl. dazu die Übersicht bei *F. Kopp*, Die Heilung von Mängeln des Verwaltungsverfahrens und das Nachschieben von Gründen im Verwaltungsprozeß, VerwArchiv Bd. 61 (1970), S. 219 ff. (S. 242 f.).

[247] BVerwG, Urt. v. 10. 3. 1971 = BVerwGE 37, S. 307 = NJW 1971, S. 1762 und Urt. v. 17. 2. 1972 = NJW 1972, S. 1483.

[248] BVerwGE 37, S. 307 ff. (S. 313).

und gestaltenden Exekutive vielfach auf die vorherige Anhörung und die Beteiligung beim Zustandekommen der später nicht mehr korrigierbaren oder nach Lage der Dinge erfahrungsgemäß nicht mehr korrigierten Verwaltungsentscheidung beschränkt und daß deshalb solche Mitwirkungsrechte prinzipiell unbedingte Geltung für sich in Anspruch nehmen müssen. Es stellt sich in diesem Zusammenhang nur die Frage, ob das BVerwG[249] diesen Gedankengang mit letzter Konsequenz bedacht hat. Soll durch das Gebot vorheriger Anhörung eine Verfestigung der Lage zu Lasten des Bürgers verhindert werden, so schließt dies eigentlich, von diesem Standpunkt aus betrachtet, die Heilung eines Verfahrensverstoßes überhaupt aus, denn eine bereits eingetretene Verfestigung der Lage zu Lasten des Bürgers läßt sich durch eine erneute Prüfung der erstinstanzlichen Behörde ebensowenig wie durch die Entscheidung der Widerspruchsbehörde mit der nötigen Sicherheit wieder aus der Welt schaffen.

Davon abgesehen hat das BVerwG[250] an anderer Stelle vor kurzem deutlich zum Ausdruck gebracht, daß es dort, wo es eine Heilung von Verfahrensverstößen — wie etwa bei dem Gebot vorheriger Planfeststellung im Straßenrecht — ausnahmsweise zuläßt, sich der Gefahr des Mißbrauchs und des „Überspielens" verfahrensmäßiger Anforderungen seitens der Verwaltung durchaus bewußt ist. Deshalb kontrolliert die Rechtsprechung den Ablauf des verwaltungsbehördlichen Verfahrens wenigstens daraufhin genau, ob zwingende Verfahrensnormen umgangen werden sollten und ob insoweit eine Heilung des Verfahrensverstoßes ausgeschlossen ist. Die gerichtliche Mißbrauchskontrolle bleibt also in jedem Fall, um die Einhaltung gesetzlicher Verfahrensvorschriften zu garantieren. Im Ergebnis bedeutet dies, daß bei einer Einschränkung verwaltungsgerichtlicher Kontrolldichte mit Rücksicht auf einen ausgeprägten Schutz im Verwaltungsverfahren das Gericht dann als notwendige rechtliche Folge bei einem Mangel im Verwaltungsverfahren die Verwaltungsmaßnahme grundsätzlich allein deswegen aufheben muß, unabhängig davon, ob dieser Fehler das Ergebnis der Verwaltungsentscheidung beeinflußt hat.

12. Der prinzipielle, von einer Ergebnisbeeinflussung losgelöste Geltungsanspruch der Vorschriften des Verwaltungsverfahrens- und Organisationsrechts vermag jedoch in einem solchermaßen ausgestalteten Verwaltungskontrollsystem allein nicht auszureichen, um den Bürger und die öffentliche Verwaltung vor möglicherweise irreparablen Schäden

---

[249] Vgl. die oben in Fußnote 247 nachgewiesenen beiden Entscheidungen des BVerwG.
[250] Vgl. BVerwG v. 25. 8. 1971 = VerwRspr Bd. 23 Nr. 118 (S. 617 ff., 613) = RdL 1972, S. 43 (S. 48). Siehe oben FN 49.

VIII. Spezifische Merkmale einer zukünftigen Theorie 71

zu bewahren. Die staatliche Gemeinschaft mit ihren hohen Leistungsansprüchen ist aber sowohl auf die Effizienz des Verwaltungshandelns als auch zugleich auf die Wirksamkeit des gewährten Rechtsschutzes angewiesen. Es ist durchaus denkbar, daß auch bei der grundsätzlichen Entscheidung für eine verfahrensmäßige Lösung und eine notwendigerweise mit Rücksicht auf eine sinnvolle staatliche Funktionenteilung eingeschränkte spätere Gerichtskontrolle ein aufwendiges und technisch kompliziertes Verwaltungsverfahren[251] nach seinem Abschluß trotz eines Fehlers im administrativen Entscheidungsprozeß nicht ohne untragbaren Schaden für das gesamte Projekt wieder rückgängig gemacht werden kann.

Für den einzelnen bedeutet dies die Gefahr, möglicherweise weder im Verwaltungsverfahren noch im anschließenden gerichtlichen Prozeß Erfolg zu haben und sich insoweit „zwischen zwei Stühle zu setzen", wenn man einmal die Geltendmachung von Schadensersatz- oder von Entschädigungsansprüchen außer Betracht läßt.

Deshalb müssen folgerichtig spezifische Rechtsformen eines möglichst frühzeitig einsetzenden Rechtsschutzes vorhanden sein oder jedenfalls entwickelt werden[252], welche die Gefahr später kaum mehr reversibler Verwaltungsentscheidungen zumindest in Grenzen halten.

In ersten Ansätzen sind solche Rechtsformen möglichst frühzeitig einsetzenden Rechtsschutzes bereits der gegenwärtigen Verwaltungsrechtsordnung bekannt. So sollen etwa bei der Planung und dem Aufbau umfangreicher oder neuartiger Großanlagen das hohe Investitionsrisiko und der damit verbundene nahezu unwiderstehliche Zwang, der von vollendeten Tatsachen ausgeht[253], durch die Rechtsinstitute der Teilgenehmigung[254] und des sog. Vorbescheides[255] gemildert werden.

---

[251] Vgl. etwa dazu das Beispiel von W. Apelt, VVDtStRL 17, S. 240, 241.
[252] Dazu heute vor allem W. Brohm, Die Dogmatik des Verwaltungsrechts vor den Gegenwartsaufgaben der Verwaltung, VVDtStRL 30 (1972), S. 245 ff. (S. 281 f.; S. 291 f.). Zur Zulässigkeit *vorbeugenden* Rechtsschutzes im Verwaltungsprozeß vgl. aus der Rspr zuletzt BVerwG, Urt. v. 8. 9. 1972 = DVBl 1973, S. 34 ff. (S. 35 f.). Siehe dazu außerdem D. Lorenz, Der Rechtsschutz des Bürgers und die Rechtsweggarantie, München 1973, S. 142 ff. und rechtsvergleichend H. Schiedermair, Der vorläufige und vorbeugende gerichtliche Rechtsschutz des Einzelnen gegenüber der vollziehenden Gewalt, in: Gerichtsschutz gegen die Exekutive (Hrsg. H. Mosler), Bd. 3 (Rechtsvergleichung — Völkerrecht), Köln—Berlin—Bonn—München 1971, S. 123 ff.
[253] Zum Problem der „vollendeten Tatsachen" im Verwaltungsprozeß siehe besonders W. Blümel, Raumplanung, vollendete Tatsachen und Rechtsschutz, in: Festgabe für E. Forsthoff, München 1967, S. 133 ff. (S. 137 f.); *derselbe*, Raumordnung und kommunale Selbstverwaltung, DVBl. 1973, S. 436 ff. (S. 442); K. Meyer, Betrachtungen über die Verwaltung aus der Sicht der Rechtsprechung, DÖV 1969, S. 162 ff. (S. 168); D. Lorenz, S. 142 f. Aus der Rechtsprechung vgl. vor allem BVerwG, Urt. v. 25. 8. 1971 = VerwRspr Bd. 23, Nr. 118 (S. 607 ff., 611 f.) = RdL 1972, S. 43 ff. (S. 47 f.); VGH Bad.

VIII. Spezifische Merkmale einer zukünftigen Theorie

Beide Formen des Verwaltungshandelns erlauben eine Anfechtung in einem möglichst frühen Stadium planender Verwaltungstätigkeit. Die Teilgenehmigung[256] entscheidet verbindlich über einzelne Planungs- oder Bauabschnitte, während der Endausbau der gesamten Anlage zunächst nur in ungefähren Umrissen projektiert ist; der Vorbescheid[257] befindet mit feststellender, verbindlicher Wirkung über eine für die (Gesamt-)Genehmigung vorgreifliche Frage oder Genehmigungsvoraussetzung, wie z. B. vor allem über die Standortwahl. Trotz der im einzelnen unterschiedlichen Ausgestaltung ist beiden Rechtsinstituten gemeinsam, daß sie kontinuierlich ablaufende, industrielle oder behördliche Entscheidungsprozesse durch angemessene rechtliche Regeln begleiten bzw. besser sogar: „einfangen" wollen[258].

Gerade für diesen Bereich des Verwaltungshandelns sind heute auch schon erste Querverbindungen von Verwaltungsverfahrensrecht und

---

Württ., Beschl. v. 28. 6. 1971 = BaWüVBl 1971, S. 137 ff. (S. 139) u. Beschl. v. 4. 8. 1972 = GewArchiv 1972, S. 324 ff. (S. 328).

[254] Die *Teilgenehmigung* ist von der Rechtsprechung für Anlagen nach § 16 GewO als zulässig anerkannt. (Vgl. BVerwG, Urt. v. 24. 4. 1969 = DVBl 1970, S. 215 (S. 216) — dazu *C. H. Ule*, Umweltschutz im Verfassungs- und Verwaltungsrecht, DVBl 1972, S. 437 ff. (S. 442). Sie ist auch in § 7 des Entwurfs eines Bundes-Immissionsschutzgesetzes vom 14. 2. 1973 (BT-Drucksache 7/179) ausdrücklich vorgesehen, um den modernen Formen abschnitts- und stufenweiser Industrieplanung durch angemessene rechtliche Regelungen Rechnung zu tragen (siehe Begründung zu § 7 des Entwurfs). Für die Verfahren zur Errichtung von Atomanlagen ist die Teilgenehmigung bereits gegenwärtig gesetzlich geregelt. (Vgl. § 7 b II AtG, § 1 Abs. 2 letzter Absatz der AtAnlVO.) Aus der Rspr siehe dazu besonders BVerwG, Urt. v. 16. 3. 1972 = DÖV 1972, S. 757 = DVBl 1972, S. 678 = BB 1972, S. 1075 = NJW 1972, S. 1292 (Atomkraftwerk Würgassen).

[255] Der *Vorbescheid* ist für das Genehmigungsverfahren nach §§ 16 ff. GewO vom BVerwG bereits durch Urt. v. 29. 3. 1966 = BVerwGE 24, S. 23 ff. als zulässig anerkannt worden. Vgl. jetzt auch § 8 des Entwurfs des Bundes-Immissionsschutzgesetzes (oben FN 254). Für das Atomrecht ist der Vorbescheid in § 7 a I AtG gesetzlich anerkannt. Siehe dazu ebenfalls BVerwG, Urt. v. 16. 3. 1972 (oben FN 254).

[256] Siehe dazu besonders § 7 des Entwurfs des Bundes-Immissionsschutzgesetzes nebst Begründung (oben FN 254).

[257] Siehe dazu besonders § 8 des Entwurfs des Bundes-Immissionsschutzgesetzes nebst Begründung (oben FN 255). Zu den verschiedenen Formen des Vorbescheides (Standort-Vorbescheid oder Konzept-Vorbescheid) vgl. besonders *H. Schnurer*, Das atomrechtliche Genehmigungsverfahren in der Bundesrepublik Deutschland, DAtF Sonderdrucke (S — 1, Juli 1972), S. 15 f.

[258] Für das amerikanische Recht hat *K. W. Grewlich*, Schutz gegen Willkür bei der Vergabe von Forschungs- und Entwicklungsaufträgen, Berlin 1972, passim, die spezifischen Gefahren beschrieben, die sich gerade bei der Planung industrieller Großprojekte ergeben. Anhand der Beschaffungspraxis der amerikanischen Raumfahrtbehörde (NASA) geht er der Frage nach, auf welche Weise Schutz gegen Willkür bei der Vergabe von Forschungs- und Entwicklungsaufträgen geleistet wird bzw geleistet werden sollte. Nach seiner Auffassung läßt sich der nötige rechtliche Schutz vor allem durch den Ausbau vorbeugender Kontrollmechanismen im Vergabeverfahren selbst bewerkstelligen. Vgl. *K. W. Grewlich*, S. 17, 53 ff., 106.

verwaltungsgerichtlicher Kontrolle ausdrücklich anerkannt. Das BVerwG[259] hat bei der Anfechtung verschiedener Teilgenehmigungen zur Errichtung eines Atomkraftwerkes eine spätere Klageänderung bzw. eine nachträgliche Klagehäufung zugelassen, und die Zulässigkeit solchen prozessualen Vorgehens ausdrücklich mit dem Hinweis bejaht, dies sei das notwendige (verwaltungsprozessuale) Korrelat zur Befugnis der Verwaltung, die Errichtung der Anlage durch eine Reihe von Teilverwaltungsakten zu genehmigen.

Als allgemeines Prinzip haben sich solche Formen des vorverlagerten Rechtsschutzes aber noch nicht durchsetzen können, vor allem auch deswegen, weil sie noch keine endgültigen rechtlichen Konturen angenommen haben. Die dagegen bestehenden grundsätzlichen Bedenken sind bekannt:

Eine Erweiterung der Anfechtungsbefugnis ist ein durchaus „zweischneidiges Schwert"[260], denn ihr entspricht als Kehrseite eine Anfechtungslast für den betroffenen Bürger[261], will er nicht wegen der dann auf ihn erstreckten Bindungswirkung seiner möglichen Einwendungen in einem späteren Verfahrensabschnitt verlustig gehen[262]. Außerdem läßt sich zumindest die Gefahr nicht leugnen, daß ein vorverlagerter Rechtsschutz in der Form stufenweiser Rechtsverfolgung[263] die an sich gebotene Verfahrenskonzentration und einen möglichst raschen Abschluß des gesamten Verwaltungsverfahrens verhindern kann[264].

---

[259] Vgl. BVerwG, Urt. v. 16. 3. 1972 = DÖV 1972, S. 757 ff. (S. 759). (Siehe bereits oben FN 254).

[260] So vor allem *F. Kopp*, VVDtStRL 30, S. 349 in der Aussprache auf der Staatsrechtslehrertagung 1971.

[261] Vgl. dazu besonders *F. Weyreuther*, Probleme der Rechtsprechung zum Enteignungsverfahren, DVBl 1972, S. 93 ff. (S. 99 f.) und *W. Blümel*, „Demokratisierung der Planung" oder rechtsstaatliche Planung?, in: Festschrift für E. Forsthoff, München 1972, S. 9 ff. (S. 28).

[262] Ein charakteristisches Beispiel für eine solche Anfechtungslast des Dritten bietet BVerwG, Urt. v. 13. 6. 1969 = DÖV 1969, S. 685, wonach der Nachbar im Baurecht grundsätzlich auch die Bodenverkehrsgenehmigung anfechten muß, wenn sie nicht wegen der auf ihn erstreckten Bindungswirkung auch ihm gegenüber bestandskräftig werden soll. Im Atomrecht ist eine solche Bindungswirkung gegenüber dem Dritten ausdrücklich in § 7 b II AtG vorgesehen.

[263] Dafür besonders *W. Brohm*, VVDtStRL 30 (1972), S. 245 ff. (S. 281). Siehe oben FN 252.

[264] Vor allem mit dieser Begründung hat die Rechtsprechung bisher überwiegend einen vorbeugenden Rechtsschutz vor Abschluß des Verwaltungsverfahrens abgelehnt und ein Rechtsschutzbedürfnis für eine solche stufenweise Rechtsverfolgung verneint. (Vgl. insbes. BayVGH, Urt. v. 17. 5. 1972 = DVBl 1972, S. 790 ff. (S. 792 f.) und BVerwG, Urt. v. 21. 2. 1973 = DVBl 1973, S. 448. Siehe außerdem OVG Lüneburg, Beschluß vom 13. 7. 1972 = DVBl 1972, S. 795 mit Anm. *W. Blümel*). Vgl. zu diesem Problemkreis mit deutlicher Kritik an der Rechtsprechung besonders *W. Blümel*, „Demokratisierung der Planung" oder rechtsstaatliche Planung?, Festschrift für E. Forst-

VIII. Spezifische Merkmale einer zukünftigen Theorie

Trotzdem müssen besonders dann, wenn die Bindung der Verwaltung zunehmend mit Hilfe des Verfahrensrechts bewirkt und diesem Verfahrensrecht jedenfalls prinzipiell eine unbedingte Geltung zuerkannt wird, auch adäquate Formen eines frühzeitigen Rechtsschutzes entwickelt werden, damit im Verwaltungsprozeß der Zwang des „Alles oder Nichts" bei einem an sich zur Aufhebung führenden Mangel des Verwaltungsverfahrens nach Möglichkeit vermieden wird.

13. Es dürfen allerdings am Ende nicht die Vorbehalte verschwiegen werden, denen alle Überlegungen über eine bessere verfahrensmäßige Beteiligung der Betroffenen bereits im administrativen Entscheidungsprozeß und über eine möglichst optimale Aufgabenverteilung und Aufgabenzuordnung zwischen Verwaltungsverfahren und Verwaltungsgerichtsbarkeit unterliegen. Jede Theorie des funktionalen Zusammenhanges von Verwaltungsverfahrensrecht und Verwaltungsgerichtsbarkeit muß notwendig lückenhaft bleiben und kann vielfach kaum mehr als erste Ansätze liefern. Es läßt sich außerdem, insbesondere solange es allgemein an einer verläßlichen Rechtstatsachenforschung über die rationale und empirische Fundierung staatlicher Entscheidungen fehlt[265], nicht mit der nötigen Sicherheit vorhersagen, ob sich eine solche Theorie in der Rechtspraxis in jedem Fall auch wirklich bewährt. Zu den erwähnenswerten Vorbehalten zählt im einzelnen vor allem, daß es letztlich von der Qualität der betreffenden Verwaltungsbehörden abhängt, ob eine Kontrolle über das Verfahren anstelle derjenigen seines sachlichen Ergebnisses ausreicht, um den nötigen Rechtsschutz für die Betroffenen zu garantieren[266]. Die besten Verfahrensvorschriften nützen nichts[267], falls die Verwaltung sie — wenn auch nicht in rechtlich

---

hoff, München 1972, S. 9 ff. (S. 26 f.) und *derselbe,* Raumordnung und kommunale Selbstverwaltung, DVBl 1973, S. 436 ff. (S. 441 f.). § 83 Nr. 2 des Entwurfs des Verwaltungsverfahrensgesetzes (EVwVerfG 1970) verbietet im Interesse der Verfahrenskonzentration und der Verwaltungsvereinfachung ausdrücklich die selbständige Anfechtung von Anordnungen, die nur das Verwaltungsverfahren selbst betreffen. Vgl. dazu auch die *Begründung* des Entwurfs zu § 83 (Bundesrats-Drucksache 269/70). Siehe jetzt auch § 92 Nr. 2 EVwVfG 1973 (Bundesrats-Drucksache 227/73).

[265] Vorbildlich ist in diesem Zusammenhang die Untersuchung von *K. J. Philippi,* Tatsachenfeststellungen des Bundesverfassungsgerichts, Köln—Berlin—Bonn—München 1971 zu der speziellen Frage der Tatsachenfeststellung im Verfahren vor dem BVerfG. Zur „Empirie in der Rechtsdogmatik" vgl. den gleichnamigen Beitrag von *C. Starck,* JZ 1972, S. 609 ff.

[266] Siehe *W. v. Simson,* Zur Kritik am Rechtsschutz in den Europäischen Gemeinschaften, DVBl 1966, S. 653 ff. (S. 659).

[267] Vgl. dazu besonders *W. Blümel,* Raumplanung, vollendete Tatsachen und Rechtsschutz, in: Festgabe für E. Forsthoff, München 1967, S. 133 ff. (S. 155 f.); *W. Hoppe,* Rechtsschutz bei der Planung von Straßen und anderen Verkehrsanlagen, München 1971, S. 32 Fußn. 1.

VIII. Spezifische Merkmale einer zukünftigen Theorie

angreifbarer Weise — durch einen schlechten Verwaltungsstil und durch eine unbefriedigende Verwaltungspraxis unterläuft und aushöhlt[268].

Auf Seiten der Verwaltung vermöchte die Einsicht viel bewirken, daß die Wahrung eines geordneten Verfahrens und die Gewährung ausreichenden rechtlichen Gehörs, schon um leicht vermeidbare Irrtümer zu verhindern, in ihrem ureigenen Interesse liegt[269]. Auf der anderen Seite setzt der Gedanke der Partizipation und der Beteiligung[270] auf Seiten der Betroffenen voraus, daß sie von den ihnen zu Gebote stehenden Beteiligungsrechten tatsächlich Gebrauch machen und als „aktive Bürger" gegenüber der Verwaltung auftreten[271].

Dies könnte im Ergebnis eine Möglichkeit sein, das heute vielbeklagte „spannungsgeladene Verhältnis" zwischen Bürger und Verwaltung[272] zu entschärfen.

Die Verwaltungsrechtsdogmatik kann heute auch das Problem des funktionalen Zusammenhanges von Verwaltungsverfahrensrecht und Verwaltungsgerichtsbarkeit allein nicht befriedigend lösen. Sie ist vor allem auf die Hilfestellung einer auch empirisch arbeitenden Verwaltungswissenschaft angewiesen[273], die ihre theoretischen Überlegungen über die verantwortungsteilende Aufgabenbewältigung im demokratischen Rechtsstaat auf ihre praktische Effizienz und Brauchbarkeit überprüfen muß.

---

[268] Zur Bedeutung des „politischen Stils" vgl. besonders *A. Morkel*, Über den politischen Stil, PVS 1966, S. 119 f.; *H. J. Konrad*, Parlamentarische Autonomie und Verfassungsbindung im Gesetzgebungsverfahren, DÖV 1971, S. 80 ff. (S. 81 f.).

[269] Siehe *M. Waline*, Le principe «Audi alteram partem», in: Le Conseil d'Etat du Grand-Duché de Luxembourg, Livre Jubilaire, Luxembourg 1957, S. 495 ff. (S. 505/506).

[270] Zur „Partizipation" siehe oben die Nachweise in Fußn. 148.

[271] Siehe dazu besonders „Der aktive Bürger — Utopie oder Wirklichkeit?" (Cappenberger Gespräche der Freiherr-vom-Stein-Gesellschaft e.V., Bd. 6), Köln und Berlin 1971. Dazu auch den Bericht von *W. Berg*, DVBl 1971, S. 494 ff. Für den Bereich der kommunalen Selbstverwaltung mißt *W. Bückmann*, Verfassungsfragen bei den Reformen im örtlichen Bereich, Berlin 1972, dem künftigen Bürger — Gemeinde — Verhältnis und der staatsbürgerlichen Aktivität der Gemeindeeinwohner entscheidende Bedeutung bei. Vgl. *W. Bückmann*, besonders S. 170 f., 185 ff.

[272] Vgl. *G. Joerger*, Bürger und Verwaltung — Anmerkungen zu einem spannungsgeladenen Verhältnis, BaWüVerwBl. 1972, S. 33 ff. Dazu auch *H. W. Laubinger*, Die Verwaltung als Helfer des Bürgers, in: Demokratie und Verwaltung, Berlin 1972, S. 439 ff.

[273] Zu den notwendigen Verbindungen zwischen Verwaltungsrechtsdogmatik und sozialwissenschaftlicher Forschung vgl. *W. Brohm*, VVDtStRL 30, S. 245 ff. (S. 251). Dazu ebenfalls: *H. P. Ipsen*, 50 Jahre deutsche Staatsrechtswissenschaft im Spiegel der Verhandlungen der Vereinigung der Deutschen Staatsrechtslehrer (II), AöR 97 (1972), S. 375 ff. (S. 414).

Literaturverzeichnis

Achterberg, N.: Probleme der Funktionenlehre, München 1970

Albert, G.: Stellung, Funktion und verfassungsrechtliche Problematik der Independent Regulatory Commissions in den Vereinigten Staaten von Amerika, Berlin 1971

Alstyne, A. van: Judicial Protection of the Individual against the Executive in the United States of America, in: Gerichtsschutz gegen die Exekutive (Hrsg. H. Mosler), Bd. 2 (Länderberichte), Köln—Berlin—Bonn—München 1970, S. 1123

Apelt, W.: Der Instanzenzug der Verwaltung in Reich und Ländern. Referat über „Angleichung von Organisation und Verfahren in der Verwaltung von Reich und Ländern", Dresden 1929

Avenarius, H.: Selbstgesetzte Entscheidungsregeln der Bundes-Verwaltungsbehörden in den USA, DÖV 1971, S. 223

Bachof, O.: Die verwaltungsgerichtliche Klage auf Vornahme einer Amtshandlung, Tübingen 1951

— Die Dogmatik des Verwaltungsrechts vor den Gegenwartsaufgaben der Verwaltung, VVDtStRL 30 (1972), S. 193

— Wehrpflichtgesetz und Rechtsschutz, Tübingen 1957

— Nochmals: Verwaltungsverfahren und Verwaltungsgerichtsbarkeit, DVBl. 1958, S. 6

— Neue Tendenzen in der Rechtsprechung zum Ermessen und zum Beurteilungsspielraum, JZ 1972, S. 641

Badura, P.: Verwaltungsrecht im liberalen und im sozialen Rechtsstaat, Tübingen 1966

— Auftrag und Grenzen der Verwaltung im sozialen Rechtsstaat, DÖV 1968, S. 446

Baumeister, L. und H. H. *Baumeister*: Städtebauförderungsgesetz, Münster 1971

Baur, J. F.: Der Mißbrauch im deutschen Kartellrecht, Tübingen 1972

Becker, E.: Die vollziehende Gewalt nach der demokratischen Verfassung des Grundgesetzes, in: Demokratie und Verwaltung (Schriftenreihe der Hochschule Speyer Bd. 50), Berlin 1972, S. 497

Becker, F. und K. *König*: Allgemeine Einleitung, in: Verfahrensgesetze des Auslandes (Schriftenreihe der Hochschule Speyer Bd. 31/I), Berlin 1967, S. 3

Benisch, W.: Der Tätigkeitsbericht 1970 des Bundeskartellamts, WuW 1971, S. 681

Berggreen, J.: Die „dissenting opinion" in der Verwaltung, Berlin 1972

Bettermann, K. A.: Das Verwaltungsverfahren, VVDtStRL 17 (1959), S. 118
— Die Rechtsweggarantie des Art. 19 Abs. 4 GG in der Rechtsprechung des Bundesverfassungsgerichts, AöR 96 (1971), S. 528

Bethge, H.: Die Kompetenzabgrenzung zwischen Bundes- und Landesverfassungsgerichtsbarkeit bei der kommunalen Verfassungsbeschwerde, DÖV 1972, S. 336

Bielenberg, W.: Empfehlen sich weitere bodenrechtliche Vorschriften im städtebaulichen Bereich?, Gutachten für den 49. Deutschen Juristentag, in: Verhandlungen des 49. Deutschen Juristentages, Bd. I (Gutachten), Teil B, München 1972, B 37

Blümel, W.: Raumplanung, vollendete Tatsachen und Rechtsschutz, in: Festgabe für E. Forsthoff, München 1967, S. 133
— „Demokratisierung der Planung" oder rechtsstaatliche Planung?, in: Festschrift für E. Forsthoff, München 1972, S. 9

Brohm, W.: Die Dogmatik des Verwaltungsrechts vor den Gegenwartsaufgaben der Verwaltung, VVDtStRL 30 (1972), S. 245

Brüggemann, J.: Die richterliche Begründungspflicht, Berlin 1971

Brunn, J. H. v.: Gedanken und Vorschläge für ein besseres Wettbewerbsgesetz, WuW 1972, S. 145

Brunner, G.: Kontrolle in Deutschland, Köln 1972

Bryde, B. O.: Zentrale wirtschaftspolitische Beratungsgremien in der Parlametarischen Verfassungsordnung, Frankfurt a. M. 1972

Bückmann, W.: Verfassungsfragen bei den Reformen im örtlichen Bereich, Berlin 1972

Bullinger, M.: Öffentliches Recht und Privatrecht, Stuttgart—Berlin—Köln—Mainz 1968
— Der Gerichtsschutz gegenüber der vollziehenden Gewalt in rechtsvergleichender Sicht, in: Gerichtsschutz gegen die Exekutive, Bd. 3 (Rechtsvergleichung — Völkerrecht), Köln—Berlin—Bonn—München 1971, S. 199

Buxbaum, R. M.: Die private Klage als Mittel zur Durchsetzung wirtschaftspolitischer Rechtsnormen, Karlsruhe 1972

Byse, C. und R. A. *Riegert:* Das amerikanische Bundesverwaltungsverfahrensgesetz von 1946, in: Staatsbürger und Staatsgewalt (Hrsg. H. R. Külz und R. Naumann), Bd. 1, Karlsruhe 1963, S. 405

Canaris, C. W.: Systemdenken und Systembegriff in der Jurisprudenz, Berlin 1969

Cooper, F. E.: State Administrative Law, Vol. 2, 1965

Dagtoglou, P.: Partizipation Privater an Verwaltungsentscheidungen, DVBl. 1972, S. 777

Davis, K. C.: Administrative Law Treatise, Vol. 4, St. Paul, Minn., 1958

Dieterich, H. und Ch. *Farenholtz:* Städtebauförderungsgesetz für die Praxis, Stuttgart 1972

Dimock, M. E. und G. O. *Dimock:* Public Administration, 4. Aufl., 1969

Dolzer, R.: Die staatstheoretische und staatsrechtliche Stellung des Bundesverfassungsgerichts, Berlin 1972

Drews, B.: Vom Ausbau der preußischen Verwaltungsgerichtsbarkeit, Zges-Staatsw. Bd. 78 (1924), S. 584

Dürig, G. und H. U. *Evers:* Zur verfassungsändernden Beschränkung des Post-, Telefon- und Fernmeldegeheimnisses, Bad Homburg v. d. H. 1969

Dütz, W.: Rechtsstaatlicher Gerichtsschutz im Privatrecht, Berlin—Zürich 1970

Eichenberger, K.: Die richterliche Unabhängigkeit als staatsrechtliches Problem, Bern 1960

Ehmke, H.: Wirtschaft und Verfassung, Karlsruhe 1961

— „Ermessen" und „unbestimmter Rechtsbegriff" im Verwaltungsrecht, Tübingen 1960

— Prinzipien der Verfassungsinterpretation, VVDtStRL 20 (1963), S. 53

Ellwein, Th.: Formierte Verwaltung — Autoritäre Herrschaft in einer parlamentarischen Demokratie, in: Parlamentarismus ohne Transparenz (Hrsg. W. Steffani), Opladen 1971, S. 48

Engelhardt, O. R. Baron von: Der Rechtsschutz gegen Rechtsnormen, Berlin 1971

Erichsen, H. U.: Verfassungs- und verwaltungsrechtsgeschichtliche Grundlagen der Lehre vom fehlerhaften belastenden Verwaltungsakt und seiner Aufhebung im Prozeß, Frankfurt a. M. 1971

Esser, J.: Grundsatz und Norm, Tübingen 1956

Eyermann, E.: Zur Besetzung der Richterbank in der Verwaltungsgerichtsbarkeit, in: Festgabe für Th. Maunz, München 1971, S. 55

Faber, H.: Die Verbandsklage im Verwaltungsprozeß, Baden-Baden 1972

Feindt, E.: Die Beteiligung des Beamten im Beurteilungsverfahren — Ein Beitrag zur Rechtsfortbildung, ZBR 1972, S. 264

Fellner, M.: Grundfragen des Verwaltungsverfahrens, in: Staatsbürger und Staatsgewalt (Hrsg. H. R. Külz und R. Naumann), Bd. 2, Karlsruhe 1963, S. 345

Fickert, H. C.: Umfang des Planungsermessens bei der bundesfernstraßenrechtlichen Planfeststellung — Ein Beitrag zur Bestandsaufnahme und zur Frage der verwaltungsgerichtlichen Überprüfbarkeit, BauR 1971, S. 1

Forsthoff, E.: Lehrbuch des Verwaltungsrechts, 9. Aufl., München—Berlin 1966

— Die Verfahrensvorschriften im Kartellgesetz, in: Festschrift für R. Isay, Köln—Berlin 1956, S. 95

Forstmann, M. D.: Der Rechtsschutz im schwedischen Verwaltungsverfahren, VerwArch. 62 (1971), S. 313

Fröhler, L.: Rechtsprobleme technischer Begutachtungen, München 1971

Gaentzsch, G.: Städtebauförderungsgesetz, Göttingen 1971

Gehrmann, W.: Städtebauförderungsgesetz, Gütersloh 1971

Geiger, W.: Das Demokratieverständnis des Grundgesetzes, in: Demokratie und Verwaltung (Schriftenreihe der Hochschule Speyer Bd. 50), Berlin 1972, S. 229

Geitmann, R.: Bundesverfassungsgericht und „offene" Normen, Berlin 1971

Giacometti, Z.: Allgemeine Lehren des rechtsstaatlichen Verwaltungsrechts, Bd. 1, Zürich 1960

Görlitz, A.: Vewaltungsgerichtsbarkeit in Deutschland, Neuwied a. Rh.— Berlin 1970

— „Verwaltungsgerichtsbarkeit", in: Handlexikon zur Rechtswissenschaft (Hrsg. A. Görlitz), München 1972, S. 513

— Politische Funktionen der Lehre vom Verwaltungsakt, PVS 1971, S. 71

Grave, H.: Bietet das verwaltungsgerichtliche Revisionsverfahren ausreichende Rechtsgarantien?, VerwArch. 64 (1973), S. 51

Grewlich, K. W.: Schutz gegen Willkür bei der Vergabe von Forschungs- und Entwicklungsaufträgen, Berlin 1972

Grimmer, K.: Die Rechtsfigur einer „Normativität des Faktischen", Berlin 1971

Groeben, K. v. d.: Empfiehlt es sich, den Allgemeinen Teil des Verwaltungsrechts zu kodifizieren?, Verhandlungen des 43. Deutschen Juristentages, Bd. II (Sitzungsberichte), Tübingen 1962, D 59

Groschupf, O.: Wie entscheidet das Verwaltungsgericht, wenn das Verwaltungsverfahren fehlerhaft war?, DVBl. 1962, S. 627

Grunsky, W.: Grundlagen des Verfahrensrechts, Bielefeld 1970

Gygi, F.: Rechtsstaatsprobleme der heutigen Wirtschafts- und Sozialordnung, in: Journal der Internationalen Juristenkommission, Bd. IV (1962), S. 3

Häberle, P.: Öffentliches Interesse als juristisches Problem, Bad Homburg v. d. H. 1970

— Grundrechte im Leistungsstaat, VVDtStRL 30 (1972), S. 43

Hagen, J.: Allgemeine Verfahrenslehre und verfassungsgerichtliches Verfahren, München 1971

— Elemente einer allgemeinen Prozeßlehre, Freiburg i. Br. 1972

Haller, W.: Supreme Court und Politik in den USA, Bern 1972

Hartz, W.: Steuerrecht und allgemeines Verwaltungsrecht, in: Staatsbürger und Staatsgewalt (Hrsg. H. R. Külz und R. Naumann), Bd. 1, Karlsruhe 1963, S. 239

Hausheer, H.: Rechtsgleichheit — Due Process und Equal Protection, Bern 1966

Hayek, F. A. v.: Die Verfassung der Freiheit, Tübingen 1971

Heckel, H.: Die Rolle des Juristen in der Fachverwaltung, DÖV 1958, S. 29

Hein, E.: Kommentar zum Städtebauförderungsgesetz, Göttingen 1971

Heinze, C.: Die Formel „volkswirtschaftlich förderungswürdig" als Richtmaß staatlicher Wirtschaftslenkung, WiR 1972, S. 267

Herzog, R.: Gesetzgeber und Verwaltung, VVDtStRL 24 (1966), S. 125

Hesse, K.: Grundzüge des Verfassungsrechts der Bundesrepublik Deutschland, 6. Aufl., Karlsruhe 1973

— Der Rechtsstaat im Verfassungssystem des Grundgesetzes, in: Staatsverfassung und Kirchenordnung, Festgabe für R. Smend, Tübingen 1962, S. 71

Hesse, K.: Die verfassungsrechtliche Stellung der politischen Parteien im modernen Staat, VVDtStRL 17 (1959), S. 11

Hoppe, W.: Rechtsschutz bei der Planung von Straßen und anderen Verkehrsanlagen, München 1971

— Die kommunale Gebietsreform im Spannungsfeld von Neuordnungsmodellen und Einzelmaßnahmen, DVBl. 1971, S. 473

Hopt, K.: Die Dritte Gewalt als politischer Faktor, Berlin 1969

Huber, H.: Rechtstheorie, Verfassungsrecht, Völkerrecht, Bern 1971

Hummel, H.: Gerichtsschutz gegen Prüfungsbewertungen, Berlin 1969

Imboden, M.: Staat und Recht, Basel—Stuttgart 1971

— Der Plan als verwaltungsrechtliches Institut, VVDtStRL 18 (1960), S. 113

Ipsen, H. P.: Europäisches Gemeinschaftsrecht, Tübingen 1972

— 50 Jahre deutsche Staatsrechtswissenschaft im Spiegel der Verhandlungen der Vereinigung der Deutschen Staatsrechtslehrer (II), AöR 97 (1972), S. 375

Jaffe, L. L.: Judicial Control of Administrative Action, Boston—Toronto 1965

Jarosch, R.: Die Prüfung unbestimmter Rechtsbegriffe durch die Verwaltungsgerichte, DVBl. 1954, S. 521

Jellinek, W.: Die Verwaltungsgerichtsbarkeit. In welcher Weise empfiehlt es sich, die Gesetzgebung über die Verwaltungsgerichtsbarkeit zu vereinheitlichen?, Verhandlungen des 38. Deutschen Juristentages, Tübingen 1951, D 2

Joerger, G.: Bürger und Verwaltung — Anmerkungen zu einem spannungsgeladenen Verhältnis, BaWüVBl. 1972, S. 33

Jouvenel, B. de: Die Kunst der Vorausschau, Neuwied und Berlin 1967

Kaiser, J. H.: Crisis Management, in: Planung V (Hrsg. H. Coing und J. H. Kaiser), Baden-Baden 1971, S. 347

— Rechtsnormen zur Steuerung von Prozessen, in: Eunomia, Freundesgabe für H. Barion, Pfungstadt o. J., S. 41

Kartte, W.: Ein neues Leitbild für die Wettbewerbspolitik, Köln—Berlin—Bonn—München 1969

Kellner, H.: Neue Erkenntnisse zum Beurteilungsspielraum?, DÖV 1972, S. 801

Klauss, G.: Wettbewerb zwischen Freiheit und Staatskontrolle, Bonn 1970

Klein, F.: Tragweite der Generalklausel im Art. 19 Abs. 4 des Grundgesetzes, VVDtStRL 8 (1950), S. 67

Klinger, H.: Reichswirtschaftsgericht und Kartellgericht, in: Staatsbürger und Staatsgewalt (Hrsg. H. R. Külz und R. Naumann), Bd. 1, Karlsruhe 1963, S. 103

Knemeyer, F. L.: Das Anhörverfahren im Rahmen der bayerischen Gebietsreform, BayVBl. 1971, S. 371

Koehler, A.: Aufbau und Umfang der Verwaltungsgerichtsbarkeit, in: Staatsbürger und Staatsgewalt (Hrsg. H. R. Külz und R. Naumann), Bd. 2, Karlsruhe 1963, S. 565

Köhler, K. H. v.: Grenzen der gerichtlichen Kontrolle im Kartellrecht, DÖV 1960, S. 210

König, H. G.: Der Grundsatz des rechtlichen Gehörs im Verwaltungsverfahren, DVBl. 1959, S. 189

König, K.: Verwaltungsreform und Demokratiediskussion, in: Demokratie und Verwaltung (Schriftenreihe der Hochschule Speyer Bd. 50), Berlin 1972, S. 271

Konrad, H. J.: Parlamentarische Autonomie und Verfassungsbindung im Gesetzgebungsverfahren, DÖV 1971, S. 80

Kopp, F.: Verfassungsrecht und Verwaltungsverfahrensrecht, München 1971
— Der Grundsatz der Rechtsstaatlichkeit im Verwaltungsverfahren, BayVBl. 1969, S. 272
— Die Heilung von Mängeln des Verwaltungsverfahrens und das Nachschieben von Gründen im Verwaltungsprozeß, VerwArch. 61 (1970), S. 219

Krieger, K.: Das Recht des Bürgers auf behördliche Auskunft, Berlin 1972

Kriele, M.: Theorie der Rechtsgewinnung, Berlin 1967
— Die Herausforderung des Verfassungsstaates, Berlin und Neuwied 1970

Kröger, K.: Die Ministerverantwortlichkeit in der Bundesrepublik, Frankfurt a. M. 1972

Krüger, H.: Allgemeine Staatslehre, 2. Aufl., Stuttgart—Berlin—Köln—Mainz 1966
— Die verfassungsgerichtliche Beurteilung wirtschaftspolitischer Entscheidungen, DÖV 1971, S. 289

Kruse, H. W.: Steuerrecht I, Allgemeiner Teil, 3. Aufl., München 1973

Kube, E.: Zur Notwendigkeit der Demokratisierung der Bebauungsplanung im ländlichen Bereich, DÖV 1972, S. 118

Kull, E.: Zur Rechtsnatur des Verfahrens in Kartell-Verwaltungssachen, JZ 1961, S. 681

Landis, J. M.: The administrative Process, New Haven (1938), 5. Nachdruck, 1947

Lange, K.: Systemgerechtigkeit, Die Verwaltung 1971, S. 259

Langrod, G.: Probleme des allgemeinen Verwaltungsverfahrens, DVBl. 1961, S. 305

Laubinger, H. W.: Die Verwaltung als Helfer des Bürgers, in: Demokratie und Verwaltung (Schriftenreihe der Hochschule Speyer Bd. 50), Berlin 1972, S. 439

Leibholz, G.: Strukturprobleme der modernen Demokratie, 3. Aufl., Karlsruhe 1967

Leisner, W.: Effizienz als Rechtsprinzip, Tübingen 1971

Lerche, P.: Übermaß und Verfassungsrecht, Köln—Berlin—München—Bonn 1961
— Zum „Anspruch auf rechtliches Gehör", ZZP 78 (1965), S. 1
— Stiller Verfassungswandel als aktuelles Politikum, in: Festgabe für Th. Maunz, München 1971, S. 285

Liebs, R.: Kartellverbot und Parallelverhalten, WiR 1972, S. 351

Lohmeyer, H.: Die Schlußbesprechung bei der Betriebsprüfung, Der Steuerberater 1972, S. 24

Loose, G.: Der Entwurf der neuen Abgabenordnung, DStZ 1971, S. 169

Lorenz, D.: Der Rechtsschutz des Bürgers und die Rechtsweggarantie, München 1973

Lüdersen, K.: Erfahrung als Rechtsquelle, Frankfurt a. M. 1972

Luhmann, N.: Legitimation durch Verfahren, Neuwied und Berlin 1969
— Theorie der Verwaltungswissenschaft, Köln—Berlin 1966
— Zweckbegriff und Systemrationalität, Tübingen 1968

Lüke, G. und P. *Bähr:* Einstweilige Anordnungen zum sofortigen Vollzug kartellbehördlicher Verfügungen, in: Wettbewerb als Aufgabe, Bad Homburg v. d. H.—Berlin—Zürich 1968, S. 519

Mängel im Verhältnis von Bürger und Staat (Hrsg. W. Thieme), Köln—Berlin—Bonn—München 1970

v. Mangoldt/Klein: Das Bonner Grundgesetz, 2. Aufl., Berlin—Frankfurt a. M. 1957 ff.

Maunz-Dürig-Herzog: Grundgesetz, 2. Aufl., München 1970

Mayntz, R.: Funktionen der Beteiligung bei öffentlicher Planung, in: Demokratie und Verwaltung (Schriftenreihe der Hochschule Speyer Bd. 50), Berlin 1972, S. 341

Melichar, E.: Das Verwaltungsverfahren, VVDtStRL 17 (1959), S. 183

Menger, C. F.: System des verwaltungsgerichtlichen Rechtsschutzes, Tübingen 1954
— Der Schutz der Grundrechte in der Verwaltungsgerichtsbarkeit, in: Die Grundrechte, Bd. III, 2. Halbbd., Berlin 1959, S. 717
— Rechtsschutz im Bereich der Verwaltung, DÖV 1969, S. 153

Meyer, K.: Betrachtungen über die Verwaltung aus der Sicht der Rechtsprechung, DÖV 1969, S. 162

Morkel, A.: Über den politischen Stil, PVS 1966, S. 119

Müller, F.: Juristische Methodik, Berlin 1971
— Normstruktur und Normativität, Berlin 1966

Mutius, A. v.: Das Widerspruchsverfahren der VwGO als Verwaltungsverfahren und Prozeßvoraussetzung, Berlin 1969

Naschold, F.: Systemsteuerung, Stuttgart—Berlin—Köln—Mainz 1969

Nass, K. O.: Probleme des Europäischen Kartellverfahrens, EuR 1970, S. 100

Oettl, G.: Grenzen der Gerichtsbarkeit im sozialen Rechtsstaat, Berlin 1971

Ossenbühl, F.: Verwaltungsrecht im sozialen Rechtsstaat, SKV 1971, S. 57
— Zur Renaissance der administrativen Beurteilungsermächtigung, DÖV 1972, S. 401

Ott, S.: Die neuere Rechtsprechung des Bundesverwaltungsgerichts zum literarischen Jugendschutz in verfassungsrechtlicher Sicht, NJW 1972, S. 1219

Otto, V.: Das Staatsverständnis des Parlamentarischen Rates, Düsseldorf 1971

Pakuscher, E. K.: Gedanken zur Beschleunigung des Revisionsverfahrens in Verwaltungsstreitsachen, DÖV 1971, S. 217

Paulick, H.: Lehrbuch des allgemeinen Steuerrechts, Köln—Berlin—Bonn—München 1971

Pfeiffer, K.: Rückwirkende Fusionskontrolle?, BB 1973, S. 311

Philippi, K. J.: Tatsachenfeststellungen des Bundesverfassungsgerichts, Köln—Berlin—Bonn—München 1971

Pipkorn, J.: Auskunftsansprüche gegenüber Verwaltungsgehörden, DÖV 1970, S. 171

Plumeyer, H.: Zum Problem des rechtlichen Gehörs im Verwaltungsverfahren, Die Berufsgenossenschaft 1971, S. 191

Podlech, A.: Rechtstheoretische Bedingungen einer Methodenlehre juristischer Dogmatik, in: Rechtstheorie als Grundlagenwissenschaft der Rechtswissenschaft (Jahrbuch für Rechtssoziologie und Rechtstheorie Bd. 2), Düsseldorf 1972, S. 491

— Wertungen und Werte im Recht, AöR 95 (1970), S. 185

Radbruch, G.: Rechtsphilosophie, 5. Aufl., Stuttgart 1956

Raiser, Th.: Ökonomen im Bundeskartellamt und in den Kartellgerichten, BB 1972, S. 471

Rasenack, C.: Verwaltungsverfahren in den Vereinigten Staaten, DÖV 1970, S. 851

Redeker, K.: Bild und Selbstverständnis des Juristen heute, Berlin 1970

— Sozialstaatliche Gestaltung und rechtsstaatliche Bindung, DVBl. 1971, S. 369

— Fragen der Kontrolldichte verwaltungsgerichtlicher Rechtsprechung, DÖV 1971, S. 757

Rehbinder, E., H. G. *Burgbacher* und R. *Knieper*: Bürgerklage im Umweltrecht, Berlin 1972

Ress, G.: Die Entscheidungsbefugnis in der Verwaltungsgerichtsbarkeit, Wien—New York 1968

Reuss, H.: Das Verwaltungsverfahren — psychologisch betrachtet, DÖV 1958, S. 656

Rinken, A.: Das Öffentliche als verfassungstheoretisches Problem, Berlin 1971

Rittner, F.: Das Ermessen der Kartellbehörden, in: Beiträge zum Wirtschaftsrecht, Festschrift für H. Kaufmann, Köln 1972, S. 307

— Die Rechtssicherheit im Kartellrecht, WuW 1969, S. 65

— Konzentrationskontrolle — aber wie?, Der Betrieb 1970, S. 669 und S. 717

Rödig, J.: Die Denkform der Alternative in der Jurisprudenz, Berlin—Heidelberg—New York 1969

Rupp, H. H.: Grundfragen der heutigen Verwaltungsrechtslehre, Tübingen 1965

Rupp, H. H.: Ermessensspielraum und Rechtsstaatlichkeit, NJW 1969, S. 1273
— Freiheit und Partizipation, NJW 1972, S. 1537
— Die Dogmatik des Verwaltungsrechts vor den Gegenwartsaufgaben der Verwaltung, DVBl. 1971, S. 669

Schäfer, H.: Moderne Verwaltung im sozialen Rechtsstaat, DVBl. 1972, S. 405

Scharpf, F.: Die politischen Kosten des Rechtsstaates, Tübingen 1970

Scheuner, U.: Die neuere Entwicklung des Rechtsstaats in Deutschland, in: Hundert Jahre Deutsches Rechtsleben, Festschrift zum 100jährigen Bestehen des Deutschen Juristentages 1860—1960, Bd. II, Karlsruhe 1960, S. 229
— Verantwortung und Kontrolle in der demokratischen Verfassungsordnung, in Festschrift für G. Müller, Tübingen 1970, S. 379
— Grundrechtsinterpretation und Wirtschaftsordnung, DÖV 1956, S. 65

Schick, W.: Vergleiche und sonstige Vereinbarungen zwischen Staat und Bürger im Steuerrecht, München 1967
— Notwendigkeit und Funktion der Begründung bei Verwaltungsakten, JUS 1971, S. 1

Schiedermair, H.: Der vorläufige und vorbeugende Rechtsschutz des Einzelnen gegenüber der vollziehenden Gewalt, in: Gerichtsschutz gegen die Exekutive (Hrsg. H. Mosler), Bd. 3 (Rechtsvergleichung — Völkerrecht), Köln—Berlin—Bonn—München 1971, S. 123

Schmidt, W.: Gesetzesvollziehung durch Rechtsetzung, Bad Homburg v. d. H. —Berlin—Zürich 1969

Schmidt-Salzer, J.: Der Beurteilungsspielraum der Verwaltungsbehörden, Berlin 1968

Schmitz, E.: Das Recht der öffentlichen Aufträge im gemeinsamen Markt, Baden-Baden 1972

Schneider, H.: Gerichtsfreie Hoheitsakte, Tübingen 1951

Schnurer, H.: Das atomrechtliche Genehmigungsverfahren in der Bundesrepublik Deutschland, DAtF Sonderdrucke, S - 1, Juli 1972

Scholler, H.: Die Interpretation des Gleichheitssatzes als Willkürverbot oder als Gebot der Chancengleichheit, Berlin 1969

Scholz, R.: Wirtschaftsaufsicht und subjektiver Konkurrentenschutz, Berlin 1971
— Konzentrationskontrolle und Grundgesetz, Stuttgart 1971

Schulz-Hardt, J.: Über die Notwendigkeit eines allgemeinen Vertreters des öffentlichen Interesses in der Verwaltungsgerichtsbarkeit, DVBl. 1972, S. 557

Schwarze, J.: Der Eingriff in den Gewerbebetrieb durch Gesetzesänderung, Bielefeld 1969

Seidler, H. H.: Rechtsschutz bei staatlicher Wirtschaftsplanung, Berlin 1973

Sellmann, M.: Der Weg zur neuzeitlichen Verwaltungsgerichtsbarkeit — ihre Vorstufen und dogmatischen Grundlagen, in: Staatsbürger und Staatsgewalt (Hrsg. H. R. Külz und R. Naumann), Bd. 1, Karlsruhe 1963, S. 25

Seuffert, W.: Über gerichtsfreie Akte und die Grenzen des Rechts, in: Festschrift für G. Müller, Tübingen 1970, S. 491

Simson, W. v.: Das demokratische Prinzip im Grundgesetz, VVDtStRL 29 (1971), S. 3

— Zur Kritik am Rechtsschutz in den Europäischen Gemeinschaften, DVBl. 1966, S. 653

Smith, S. A. de: Judicial Review of Administrative Action, 2. Aufl., London 1968

Spanner, H.: Empfiehlt es sich, den Allgemeinen Teil des Verwaltungsrechts zu kodifizieren?, Verhandlungen des 43. Deutschen Juristentages, Bd. I (Gutachten), 2. Teil Heft A, Tübingen 1960

— Der Regierungsentwurf eines Bundes-Verwaltungsverfahrensgesetzes, JZ 1970, S. 671

— Zur Verfassungskontrolle wirtschaftspolitischer Gesetze, DÖV 1972, S. 217

Stachels, E.: Das Stabilitätsgesetz im System des Regierungshandelns, Berlin 1970

Starck, C.: Der Gesetzesbegriff des Grundgesetzes, Baden-Baden 1970

— Zur Empirie in der Rechtsdogmatik, JZ 1972, S. 609

Steinberger, H.: Rassendiskriminierung und oberster Gerichtshof in den Vereinigten Staaten von Amerika, Köln—Berlin 1969

Steindorff, E.: Die Nichtigkeitsklage im Recht der Europäischen Gemeinschaft für Kohle und Stahl, Frankfurt a. M. 1952

— Der unbestimmte Rechtsbegriff im Lichte der französischen und amerikanischen Verwaltungsrechtsprechung, DVBl. 1954, S. 110

— Zur Novellierung des Kartellrechts, BB 1970, S. 824

Stern, K.: Verwaltungslehre — Notwendigkeit und Aufgabe im heutigen Sozialstaat, in: Gedächtnisschrift H. Peters, Berlin—Heidelberg—New York 1967, S. 219

Stich, R.: Die Mitwirkung des Bürgers und der Öffentlichkeit an der Raumplanung, in: Demokratie und Verwaltung (Schriftenreihe der Hochschule Speyer Bd. 50), Berlin 1972, S. 355

Tipke, K.: Steuerliche Betriebsprüfung im Rechtsstaat, München 1968

Tipke, K. und H. W. *Kruse*: Reichsabgabenordnung, 5. Aufl., Köln—Marienburg 1972

Ule, C. H.: Verwaltungsprozeßrecht, 5. Aufl., München 1971

— Der Verwaltungsrechtsschutz in den europäischen Staaten und die deutsche Verwaltungsgerichtsbarkeit, DVBl. 1970, S. 225

— Die Bedeutung der Verwaltungsgerichtsbarkeit in der Demokratie, in: Zehn Jahre Verwaltungsgerichtsordnung (Schriftenreihe der Hochschule Speyer Bd. 45), Berlin 1970, S. 20

— Verwaltungsverfahren und Verwaltungsgerichtsbarkeit, DVBl. 1957, S. 597

— Nochmals: Verwaltungsverfahren und Verwaltungsgerichtsbarkeit, DVBl. 1958, S. 9

— Verwaltungsverfahren und Verwaltungsprozeß, VerwArch. 62 (1971), S. 114

— Das allgemeine Verwaltungsrecht im deutschen Verwaltungsblatt, DVBl. 1968, S. 781

Ule, C. H.: Verwaltungsreform als Verfassungsvollzug, in: Recht im Wandel, Festschrift Hundertfünfzig Jahre Carl Heymanns Verlag KG, Köln—Berlin—Bonn—München 1965, S. 53

— Umweltschutz im Verfassungs- und Verwaltungsrecht, DVBl. 1972, S. 437

Ule, C. H. und F. *Becker:* Verwaltungsverfahren im Rechtsstaat, Köln—Berlin 1964

Ulmer, P.: Für mehr Gewaltenteilung im Kartellverfahren, BB 1972, S. 1472

Vogel, K.: Verwaltungsrecht und allgemeines Abgabenrecht, DVBl. 1962, S. 435

Waline, M.: Le principe „Audi alteram partem", in: Le Conseil d'Etat du Grand-Duché de Luxembourg, Livre Jubilaire, Luxembourg 1957, S. 495

Weber, W.: Spannungen und Kräfte im westdeutschen Verfassungssystem, 3. Aufl., Berlin 1970

— Empfiehlt es sich, den Allgemeinen Teil des Verwaltungsrechts zu kodifizieren?, Verhandlungen des 43. Deutschen Juristentages, Bd. II (Sitzungsberichte), Tübingen 1962, D 5

Weichmann, H.: Wandel der Staatsaufgaben im modernen Staat, in: Planung III (Hrsg. J. H. Kaiser), Baden-Baden 1968, S. 39

Weigel, H. J.: Beurteilungsspielraum oder Delegationsbegriff?, Bern-Frankfurt a. M. 1971

Werner, F.: Recht und Gericht in unserer Zeit (Hrsg. K. A. Bettermann und C. H. Ule), Köln—Berlin—Bonn—München 1971

— Empfiehlt es sich, den Allgemeinen Teil des Verwaltungsrechts zu kodifizieren?, Verhandlungen des 43. Deutschen Juristentages, Bd. I (Gutachten), 2. Teil Heft B, Tübingen 1960

— Zur Kritik an der Verwaltungsgerichtsbarkeit, DVBl. 1957, S. 221

Winkler, G.: Der gerichtliche Rechtsschutz des Einzelnen gegenüber der vollziehenden Gewalt in Österreich, in: Gerichtsschutz gegen die Exekutive (Hrsg. H. Mosler), Bd. 2 (Länderberichte), Köln—Berlin—Bonn—München 1970, S. 835

Witte-Wegmann, G.: Recht und Kontrollfunktion der Großen, Kleinen und Mündlichen Anfragen im Deutschen Bundestag, Berlin 1972

Wittkämper, G. W.: Theorie der Interdependenz, Köln—Berlin—Bonn—München 1971

Wolf, E.: Verfassungsgerichtsbarkeit und Verfassungstreue in den Vereinigten Staaten, Basel 1961

Wolf, M.: Rechtsgeschäftliche Entscheidungsfreiheit und vertraglicher Interessenausgleich, Tübingen 1970

Wrage, V.: Entwicklungstendenzen und aktuelle Probleme der deutschen öffentlichen Verwaltung, PVS 1971, S. 264

Würdinger, H.: Rechtskontrolle der Verfügungen der Kartellbehörde durch die Gerichte (§ 70 Abs. 4 GWB), WuW 1958, S. 392

— Kartelle und Justiz, Der Betrieb 1953, S. 226

Weyreuther, F.: Probleme der Rechtsprechung zum Enteignungsverfahren, DVBl. 1972, S. 93

Zeh, W.: Perspektiven für eine Grundgesetzreform, ZRP 1972, S. 171

Zeidler, K.: Einige Bemerkungen zum Verwaltungsrecht und zur Verwaltung in der Bundesrepublik seit dem Grundgesetz, Der Staat Bd. 1 (1962), S. 321

Zeidler, W.: Richter und Verfassung, DÖV 1971, S. 6

— Die Verwaltungsrechtsprechung in den Spannungsfeldern unserer Gesellschaft, DVBl. 1971, S. 565

Zieger, G.: Das Grundrechtsproblem in den Europäischen Gemeinschaften, Tübingen 1970

Zippelius, R.: Einführung in die juristische Methodenlehre, München 1971

Zitscher, W.: Sozialwissenschaftliche Aspekte einer Reform des Rechts-Stabes, ZRP 1972, S. 89

Printed by Libri Plureos GmbH
in Hamburg, Germany